信用评级
行业的发展与未来

组织编写　大公国际资信评估有限公司
主　　编　吕柏乐

The Development and Future of the Credit Rating Industry

文化发展出版社
Cultural Development Press
·北京·

图书在版编目（CIP）数据

信用评级行业的发展与未来 / 大公国际资信评估有限公司组编；吕柏乐主编． — 北京：文化发展出版社，2024.7
ISBN 978-7-5142-4323-9

Ⅰ．①信… Ⅱ．①大… ②吕… Ⅲ．①信用评级－研究－中国 Ⅳ．① F832.4

中国国家版本馆 CIP 数据核字（2024）第 062779 号

信用评级行业的发展与未来

大公国际资信评估有限公司　组织编写
吕柏乐　主编

出 版 人：宋　娜	
责任编辑：李　毅　杨　琪　雷大艳	责任校对：岳智勇
责任印制：杨　骏	责任设计：韦思卓

出版发行：文化发展出版社（北京市翠微路 2 号 邮编：100036）
发行电话：010-88275993　010-88275710
网　　址：www.wenhuafazhan.com
经　　销：全国新华书店
印　　刷：北京中科印刷有限公司

开　　本：710mm×1000mm　1/16
字　　数：180 千字
印　　张：16.75
版　　次：2024 年 7 月第 1 版
印　　次：2024 年 7 月第 1 次印刷

定　　价：128.00 元
ＩＳＢＮ：978-7-5142-4323-9

◆ 如有印装质量问题，请与我社印制部联系　电话：010-88275720

编 委 会

主　编：吕柏乐
副主编：应海峰　张秦牛　席　宁
编写组：霍　霄　黄雨昕　张晗菡　董梦琳
　　　　刘金贺　刘　会　赫　彤　李　震
　　　　戚旻婧

序

信用评级作为债券市场的重要组成部分,发挥着降低投资者与发行人之间的信息不对称、向投资人揭示行业企业信用风险、提高债券市场投资效率、引导债券分层等作用。自 2019 年我国债券市场规模超越日本成为全球第二大债券市场、我国债券纳入全球主流债券指数以来,国内信用评级机构评级结果在国外影响力不足、适用性不强,中资离岸债在国际市场上未获得合理定价等问题持续突显,引起党中央高度重视。

2020 年 5 月 11 日,中共中央、国务院印发《关于新时代加快完善社会主义市场经济体制的意见》(以下简称《意见》),《意见》明确指出要"健全覆盖全社会的征信体系,培育具有全球话语权的征信机构和信用评级机构"。2021 年 8 月 6 日,中国人民银行等五部委联合发布《关于促进债券市场信用评级行业健康发展的通知》,对促进我国债券市场信用评级行业规范发展、提升我国信用评级质量和竞争力、推动信用评级行业更好地服务于债券市场的健康发展给出了明确指示。2022 年习近平总书记在主持金砖国家领导人第十四次会晤时表示,"应拓展金砖国家跨境支付、信用评级合作,提升贸易、投融资便利化水平",并表示要"拓展跨境电商、物流、本币、信用评级等领域合作"。2022年，党的二十大报告提出，要"完善社会信用等市场经济基础制度""健全资本市场功能，提高直接融资比重"等。

在此背景下，近年来我国信用评级行业在评级质量提升、合规运营管理、人才队伍培养、信息数据积累、业务模式创新等方面取得了长足进步。然而，相较国际信用评级机构，我国信用评级机构的整体公信力、影响力较为不足。2023年12月，穆迪下调中国主权信用评级展望并接连下调多家中国金融机构及工商企业展望，引起一定市场动荡。此事让我们不禁反思，全球众多金融服务机构，为什么只有穆迪、标普的信用评级能够引起市场动荡或危及国家主权稳定。显然，我国尚未培育出与世界第二大经济体、世界第二大债券市场相匹配的中国信用评级机构，中国的信用评级机构及其评级技术需要提升公信力并完善评级指标体系。

我很高兴由大公国际组织编写的《信用评级行业的发展与未来》一书能够出版，本书系统地梳理总结了国内外信用评级行业的产生与发展、现状与未来展望。希望本书能够给我国信用评级行业未来发展带来新的启发，在推动我国信用评级行业高质量发展，加快推动建成世界一流的中国信用评级机构，推动我国债券市场高质量发展，加快建成金融强国等方面发挥积极的作用。

2024年5月16日于
中国人民大学国家金融研究院

前　言

信用评级又称资信评级，是指专业的信用评级机构根据企业的财务状况、管理层人员素质、内部治理、竞争能力、发展能力，以及企业所在区域的经营环境、所在行业发展状况和政策、管理层人员的个人信用和企业既往信用记录等因素，以预先设定的信用等级符号标示出各类金融工具发行主体偿付其债务的能力和意愿，度量违约风险程度的活动或过程，是对金融工具发行人信用情况进行综合评估后，对其债务偿还能力及意愿的综合考量，是投资者和其他市场参与者作出决策所需要考虑的重要因素之一。

国际信用评级行业的发展已有近两个世纪。19 世纪中叶，随着工业革命时期美国债券市场和铁路产业的发展，市政债券、金融债券和公司债券开始出现并盛行，当时，债券市场存在非常严重的信息不对称问题，投资者对市场上的独立第三方提供的信用分析服务产生强烈需求，直接催生了信用评级行业的产生。随后，自 1975 年美国证券交易委员会（United States Securities and Exchange Commission，SEC）认可标准普尔、穆迪、惠誉三家公司为"国家认可的评级机构"（Nationally Recognized Statistical Rating Organizations，NRSROs）后，这三家评级机构的规模和业务在美国和欧盟市场占据了垄断地位，市场份额高达 95%。

我国信用评级行业的发展与债券市场的发展密切相关。1987 年，国务院发布《企业债券管理暂行条例》，企业债券市场由此开始发展。为规范债券市场的发展，中国人民银行和原国家经济体制改革委员会提出发展信用评级机构的相关要求，各地方开始组建信用评级机构，其中以人民银行系统内组建的信用评级机构为主。1992 年，国务院下发《国务院关于进一步加强证券市场宏观管理的通知》，将信用评级作为债券发行审批的一个重要环节，从而确立了信用评级机构在债券发行市场中的地位。30 多年来，我国信用评级行业在监管工作和市场需求的共同推动下，经历了行业初创、两市分立、两市统一和快速发展几个阶段，在不断规范、不断强化中逐步发展壮大。

纵观国内外评级机构的产生过程可看出，信用评级服务已带着"减少投资者与发行人之间的信息不对称、向投资人揭示行业和企业信用风险、提高债券市场投资效率、引导债券信用分层"等作用为金融债券市场服务了多年，其间推出了以简易符号（AAA-D）为评级结果的评级报告，其具有的便捷、高效等优势很快吸引了大批投资者，逐步发展成为促进全球债券市场发展的重要推手，在协助国际监管部门对金融机构进行管理（准监管）、引导资金进行债券配置等方面发挥着重要作用。

在 30 多年的发展中，我国信用评级行业基本发挥了减少信息不对称、揭示信用风险、促进债券市场发展的作用。自 2014 年债券市场刚性兑付被打破以来，业界对信用风险的认识日益增强，对于违约的接受程度也普遍上升。但 2018 年以来的违约则呈现出涉及主体类型更多、金额更大、发生频率更高，以及高信用评级债券违约等特征，尤其 2020 年曾经 AAA 评级的华晨汽车集团控股有限公司、永城煤电控股集团有限公司的相继违约，引发了债券市场巨震，信用评级机构的预警功能受到质疑，评级区分度不足、级别虚高等问题被诟病。在此背景下，监管机构开始加大对信用评级行业的监管力度，信用评级行业迎来了规范和高质量发展期。

对此，大公国际资信评估有限公司依托专业研究团队及多年从事信用评级的实践经验，通过对全球信用评级行业的发展与未来进行系统研究，以史为鉴、洞察未来，以期提出可操作性的建议，为我国信用评级行业的高质量、国际化发展探明道路。

本书主要包括以下内容。

第一篇主要介绍国际信用评级行业的产生与发展历程。主要通过对国际信用评级服务产生的时代背景、信用评级的前身与产生标志、早期信用评级服务的特点等历史文献的梳理，了解到早期信用评级业务是基于市场需求而产生的，以"减少投资者与发行人之间的信息不对称、向投资人揭示行业企业信用风险"为主要特征发展起来，这也意味着信用评级在资本市场的作用难以被替代。随后，本篇通过对部分主要国家及地区的信用评级行业的发展进行分类研究，为与中国信用评级行业的比对研究打下基础。

第二篇重点介绍中国信用评级行业的产生与发展历程。中国信用评级行业是在中国债券市场的基础上形成并发展的。中国债券市场从形成至今，已发展成为世界第二大债券市场，陆续出现了国债、政策银行债、企业债、短期融资券、中期票据、资产支持证券、定向工具、公司债、地方政府债、熊猫债，以及绿色债券等创新债券品种。中国债券市场经历了银行间和交易所两市分立到两市互联互通的过程。在债券市场逐渐发展壮大的过程中，信用评级行业也从萌芽期逐步进入高质量发展期。

第三篇重点介绍国内外信用评级行业的发展现状。从国际市场来看，各主要经济体对信用评级的监管有趋同之势，并且监管力度均不同程度地趋严，尤其是信息披露、利益冲突、公司治理等方面，国际三大评级巨头（标准普尔、穆迪、惠誉）的市场份额虽然逐年有所微降，但是寡头垄断的格局难以撼动，而且普遍有业务与产品多样、客户积累深厚、盈利方式多样等显著特点。从国内市场来看，我国信用评级行业处于高质量发展阶段。信用评级机构在合规、技术、系统、人才等方面均有长足进步，但在与金融科技结合和数字化转型等方面仍具有较大的发展空间。近年来，我国信用评级行业积累了丰富的评级经验，评级方法和技术体系也较为健全，但尚未建立起与世界第二大债券市场相匹配的信用评级市场，国内信用评级机构的影响力、公信力有待进一步提高。

第四篇对信用评级行业的发展趋势进行展望。从国际市场来看，国际信用评级行业的监管环境仍将趋同趋严，国际信用评级机构业务与盈利模式持续多样，服务与技术创新将成为影响信用评级机构竞争格局的关键因素，双评级、多边评级与跨区域评级合作有望成为发展中国家的主要战略趋势。从国内市场来看，随着我国债券市场体制机制的不断完善、开放程度的进一步加深，以及人民币国际化水平的不断提升，我国债券市场对境外投资者的吸引力将进一步提高，中国债券市场在全球资产配置中将扮演更加重要的角色，本土信用评级机构也将成为国际外汇储备与全球资产配置的重要引路人，在揭示与防范信用风险、维护金融市场安全等方面发挥重要作用。

目 录

第一篇 国际信用评级行业的产生与发展历程 …… 1

第一章 国际信用评级行业的产生 …… 3
一、信用评级产生的时代背景 …… 3
二、信用评级的前身与产生标志 …… 14
三、早期信用评级服务的特点 …… 19
四、国际三大信用评级机构的产生与发展 …… 24

第二章 国际信用评级行业的发展历程 …… 36
一、美国信用评级行业的发展 …… 36
二、欧洲信用评级行业的发展 …… 48
三、其他国家与地区信用评级行业的发展 …… 55

第二篇 中国信用评级行业的产生与发展历程 …… 63

第三章 中国债券市场的产生与发展历程 …… 65
一、萌芽期（1949—1986年） …… 65
二、初步发展期（1987—2001年） …… 69
三、高速发展期（2002—2016年） …… 72
四、规范发展期（2017年至今） …… 83

第四章　中国信用评级行业的产生与发展 …………………… 86
　　一、初始萌芽期（1987—1991 年）………………………… 86
　　二、探索发展期（1992—2000 年）………………………… 89
　　三、快速发展期（2001—2016 年）………………………… 96
　　四、规范发展期（2017—2020 年）………………………… 122
　　五、高质量发展期（2021 年至今）………………………… 130

第三篇　国内外信用评级行业的发展现状 …………………… **137**

第五章　国际信用评级行业发展现状 …………………………… 139
　　一、寡头垄断的市场竞争格局 ……………………………… 139
　　二、"评级+非评级"的多业态模式 ………………………… 154
　　三、市场拉动加技术驱动的业务模式 ……………………… 173
　　四、国际三大信用评级巨头的金融科技实践 ……………… 177
　　五、国际信用评级行业发展的启示 ………………………… 187

第六章　中国信用评级行业的发展现状 ………………………… 192
　　一、中国信用评级行业的发展环境 ………………………… 192
　　二、中国信用评级机构的运行特征 ………………………… 202

第四篇　信用评级行业的发展趋势 …………………………… **215**

第七章　国际信用评级市场未来的发展趋势 …………………… 217
　　一、国际信用评级体系格局面临的变革 …………………… 218
　　二、国际信用评级市场竞争格局的发展趋势 ……………… 222
　　三、国际信用评级监管格局的发展趋势 …………………… 228

第八章　中国信用评级行业的发展趋势 …………………… 232
　一、中国信用评级行业发展面临的新形势 ………………… 232
　二、对中国信用评级行业高质量发展的建议 ……………… 240

参考文献 ……………………………………………………… 248

第一篇

国际信用评级行业的产生与发展历程

第一章　国际信用评级行业的产生

信用评级是用一套简单且直观的符号系统来客观、公正、独立地发表对特定主体和债务信用风险的意见，反映受评主体按时还本付息的能力与意愿，以及各类债务融资工具按时还本付息的可能性，国际信用评级行业的发展跨越了近两个世纪。研究国际信用评级行业的起源与产生，将有助于找到影响信用评级产生的本源要素，回归信用评级服务的初心。

一、信用评级产生的时代背景

国际信用评级起源于美国，其产生离不开工业革命时期美国债券市场和铁路产业的发展，在此背景下催生了对企业及其发行债券的信用评级需求。

（一）主要推手之一：美国债券市场的发展

1. 早期的美国债券市场：以政府债券为主

债，从汉字结构来看，"人"指"借款人"，"责"指"利息"，两者合起来即表示"负担利息的人"。从本质上看,债券乃是一张借条,是一种法律规制和社会道德规范下的信用体现。债券作为具有固定收益的金融工具,其本质在于借钱与还钱。

据文献记载,最早的债券为奴隶制时代的公债券。早在公元前4世纪的希腊和罗马帝国就已出现了国家向商人、放高利贷者和寺院借债的情况。11世纪,威尼斯政府开始发行政府债券,目的是为战争提供资金,当时威尼斯的居民可以购买政府债券,这些债券以固定利率向持有者支付持续年金。1602年,具有国家职能、向东方进行殖民掠夺和垄断东方贸易的商业公司——荷兰东印度公司成立,除发行股票外,该公司也发行债券,并进行买卖交易。荷兰东印度公司发行的公司债券是具有现代意义的首例债券,自此,债务证券变成了可以流通交易的有价证券。1693年,英格兰银行也尝试发行了政府债券,以筹集资金应对战争。随后,越来越多的国家开始发行政府债券来为战争提供资金。

美国债券市场的发展可以追溯到18世纪,在这一时期,美国债券市场主要由单一的政府债券构成。美国政府债券市场在美国建国、独立战争、南北战争、第一次和第二次世界大战中扮演着重要角色,持续帮助美国政府解决战争欠款和财政亏空等问题,并在美国建国和战后重建中持续发挥着重要作用。

在1775—1783年美国爆发的独立战争期间,华盛顿率领的大陆军需要巨额经费支持,但当时的大陆军没有权力征税,也无法通过长期贷款筹集资金。为给战争提供费用,除向法国和荷兰借钱外,当时美国的一些高层人员尝试向国内民众借钱,因此,发行债券成了主要的融资途径。1781年，美国财政金融部（Department of Finance）成立，并于成立的次年首次向公众发行政府债券。据不完全统计，美国公民当年购买了超过2700万美元的债券。在独立战争期间，美国共发行了超过1.9亿美元的国债。

为支持国内战后建设并为人民提供更多服务，美国政府持续发行债券，并于1789年成立了美国财政部（U.S. Treasury Department），以管理国家各类开支、收入及国家债务。

1846年到1848年，美国发动对墨西哥的战争，这场战争耗资高达6400万美元，当时美国纽约[①]资本市场上的公司只能吸引邻近地区投资者的资金，因此，国会授权增发特别国债以弥补战争开支，吸引全国投资者的资金，并由此形成了储蓄债券计划（U.S. Savings Bond Program）的基础。至1849年，美国国债额度已达到6310万美元。1860年，即美国南北战争爆发的前一年，美国债务已高达6480万美元，而美国南北战争（1861—1865年）爆发后，债务更是迅速增加。

第一次世界大战（1914—1918年）期间，美国政府再次通过发行政府债券（又称自由债券）以筹集资金，当时的美国人也有意愿购买这些债券以帮助政府支付战争费用。后来，他们得到了债券价值及其利息的回报。到战争结束时，美国政府的债务已超过250亿美元。

一战后，欧洲许多国家的经济陷入困境。相反，在美国，经济则开始强劲发展，这个时期被称为"咆哮的20年代"。1920—1929年，

---

① 也正是因为战争债的发行，美国逐渐形成了以纽约为中心的全国性资本市场。

美国政府债务总额从 230 亿美元降至 170 亿美元，美国政府拥有的资金超过了支付提供服务所需的资金，即实现了预算盈余。然而，在这段时间，美国的债券市场发展进程相对缓慢，交易极不活跃，大多数债券投资者都采取购买并持有的投资策略，以获取稳定的利息回报。直到 1929 年的股市出现崩盘[①]，引发了美国经济大萧条，债券投资才重新受到关注。当时，大多数股票投资者均遭到巨额亏损，但政府债券的投资者仍维持着较为稳定的回报（当时的回报率约 3.4%），自此，长期政府债券被投资者视为股市的避风港，债券投资才开始受到投资者的关注和追捧。

1932 年，罗斯福当选总统后推行新政，在新政实施期间，美国银行体系进行了改革，联邦存款保险公司（Federal Deposit Insurance Corporation，FDIC）在此背景下成立。与此相关的一系列新政计划的实施，均是由政府出资和管理的。受此激励，美国政府债务规模大幅增长，由 1933 年的 220 亿美元增长至 1936 年的 330 亿美元。

20 世纪 30 年代，第二次世界大战爆发，美国于 1941 年加入战争，这场战争对美国来说是非常昂贵的。美国不仅为自己的军队埋单，同时还借钱给英国及其他与"轴心国"作战的国家。为了支付战争费用，美国承担了更多的债务，约为 2110 亿美元。大部分债务是以美国政府债券的形式存在的，当时也被称为战争债券，美国战争债务总额中约 18% 由战争债券提供资金。在第二次世界大战结束时，美国

---

① 1929 年 10 月 29 日星期二，美国多数股票价格突然降到非常低的水平，股票投资者遭到重大损失，被称为"黑色星期二"。

政府的债务规模增长到 2580 多亿美元。

1783—1979 年，美国政府债务规模的发展如表 1-1 所示。

表 1-1　美国政府债务规模　　　　　　　　　单位：亿美元

年份	1783	1791	1800	1825	1860	1863	1865	1870	1900	1914
金额	0.43	0.771	0.83	0.837	0.648	11	26	24	21	29
年份	1920	1929	1933	1936	1941	1945	1949	1960	1970	1979
金额	250	170	220	330	500	2580	2530	3830	3710	8450

资料来源：彭博，大公国际整理。

美国经济学家约翰·戈登曾经说过："18 世纪 70 年代，国债帮助我们赢得独立，18 世纪 80 年代到 19 世纪 60 年代，国债为美利坚赢得最高的信用，欧洲资金得以大量流入美国，帮助美国经济快速成长。19 世纪 60 年代，我们凭借国债拯救合众国。20 世纪 30 年代，我们凭借国债拯救美国经济。20 世纪 40 年代，我们凭借国债拯救全世界。"回顾美国 220 多年的经济发展史，每当经济状况变差时，美国政府便会借债，美国是通过建立复杂的金融体系，熟练运用各类金融手段而达到自身强大的。

2. 工业革命以来的美国债券市场：以公司债券为代表的产品多元化创新

债券市场是经济发展到一定阶段的产物，与经济发展之间存在着相互影响、相互促进的协调发展关系。一方面，经济发展的阶段和水平是债券市场形成的基础和条件，经济发展的逐渐深化影响着债券市场的发展进程；另一方面，债券市场通过强化资本积累、促进技术进步和产业结构调整、推动工业化进程等，又会支持和促进经济的稳定发展。

在美国独立战争结束后至19世纪中叶，美国进入工业化准备阶段，市政债券、金融债券和公司债券开始出现。1812年发生的美国第二次独立战争迫使美国摆脱对英国经济上的依赖，走上独立发展资本主义工业的道路，随后美国工业生产迅速增长。经济的蓬勃发展和工业化建设要求加快相应的基础设施建设速度，但是由于自身预算收入不能满足支出增长的需要，州政府开始发行市政债券以筹集资金。1838年，美国州政府发行债券总额达1.97亿美元，占政府债券总额的98.5%。与此同时，一些新式银行和早期的股份公司应运而生，并开始尝试发行金融债券和公司债券。不过，在1830年之前，只有极少数地位显赫的私营公司才能发售债券，如受地方政府支持，从事运河、公路和铁路建设的大型交通运输公司。

在工业化阶段，市政债券、公司债券迅猛发展。南北战争后，美国进入工业化大发展阶段，工业部门结构发生了重大变化，重工业逐渐成为主导产业。经济结构的变化也推动了企业结构的变革，股份公司取得统治地位，这也促使企业的融资方式与结构发生了很大变化，公司股票和债券成为公司最重要的外部融资来源。1850年，美国的公司股票和债券在金融资产中占比为7.7%，到1912年股票所占份额增长到12.5%，债券所占份额为6.7%。同时，与工业化相伴随的是城市化进程加快，这提高了对基础设施建设的要求，市政债券的发行量不断增加。

在后工业化阶段，产品创新步伐加快，债券市场蓬勃发展。美国经济经过工业化发展阶段后，在第二次世界大战结束至1960年期间经济持续增长，并且伴随着技术的不断进步，工业部门多样化发展，新兴工业加速发展，产业结构不断调整，以股份公司为主体的现代企业制度得以建立。同时，经济发展中出现的资源枯竭及环境恶化问题，又促使政府部门成为长期融资主体以承担解决社会问题的重任。这些变化对债券市场提出了新的要求。新的产品不断出现，推动着债券市场的规模发展和结构变化，由此，美国债券市场在20世纪70年代后的发展步伐显著加快，特别是随着创新浪潮的兴起，抵押贷款证券和资产支持证券等以金融资产为基础的结构债券得以迅猛发展，成为美国债券市场上发展最快的品种。此外，在70年代中期和80年代掀起的企业兼并浪潮中，高收益债券产生并得到迅速发展，使得公司债券的发行规模急剧扩张。

3. 政府债券与公司债券之间的信用差异需要由专业的机构进行评估

政府债券具有安全性高、流通性强、收益稳定等优势。政府债券是政府发行的债券，由政府承担还本付息的责任，是国家信用的体现，因此，投资者购买政府债券，是一种安全性较高的投资选择。从流动性角度来看，政府债券一般发行量大、竞争力强，不仅允许在交易所上市交易，还允许在场外市场进行买卖，使其流通性大大增强；从收益角度来看，政府债券由政府付息，其信用度高、风险小，对于投资者来说，投资政府债券的收益是比较稳定的。

相较于政府债券，公司债券由于其收益率高于政府债券，也吸引了大批投资者。但是，收益与风险是成正比的，将钱借给政府，即使政府存在破产等风险，也还能通过发行货币来还钱。但公司则不同，无论是个人、机构还是官方背景的企业，其总财力远不及国家财力，公司的资产规模、经营状况、盈利水平和可持续发展等诸多不确定因素均会影响企业能否足额按时偿付本息。因此，虽然有投资者偏好收益率更高的公司债券，但是也意味着他将面临更高的投资风险。

面对良莠不齐的众多债券，投资者很难判断和比较它们的信用风险，投资的信息搜集成本、时间成本大幅上升，信息不对称问题突显，投资者也开始质疑债券发行过程中金融机构利用信息优势获利，对此，投资者开始对独立的第三方提供的信用分析服务产生需求。

（二）主要推手之二：美国铁路产业的发展

1. "源于英国、兴于美国"的铁路建设

全球铁路建设最早可以追溯到约 1630 年，当时英国建成了一个类似于铁路的运输工具，这条"类铁路"使用木制轨道，用木制的枕木作为横向支撑，用来运输煤炭。1802 年，英国人理查德·特雷维希克和安德鲁·维维安获得了蒸汽机车的第一项专利。1825 年，英国第一条蒸汽动力铁路——斯托克顿和达林顿铁路建成并通车，这也是世界上第一条铁路。

斯托克顿和达林顿铁路建成通车后，开始进行煤炭等运输，这种

新的运输方式可以在任何天气条件下运行，以空前的速度运送人员和货物，比当时已较为成熟的运河运输在时间、费用等方面具有较大优势，如运河的单程航行时间需要 36 小时，铁路只需要 5 小时，而费用只是运河的三分之一。受此影响，世界各经济强国纷纷吹响了铁路建设的号角。

1830 年，美国第一条铁路——巴尔的摩—俄亥俄铁路建成并通车，里程仅 13 英里[①]。当然，美国的铁路可追溯到 1815 年，当时约翰·史蒂文斯上校获得了建造新泽西铁路的第一张特许证，但这条铁路直到 1832 年才建成，后来成为宾夕法尼亚州铁路网的一部分。1840 年，密西西比河以东的州拥有超过 2800 英里[②]的铁路轨道，10 年后这个数字增加了两倍多，达到 9000 多英里，到 1860 年，美国铁路总里程超过 3 万英里。

然而，美国此时大部分的铁路轨道是不相连的，主要集中在东北部。1862 年 7 月 1 日，亚伯拉罕·林肯制定并颁布《太平洋铁路法》，授权修建横贯大陆的铁路。在此背景下，联合太平洋铁路公司成立，与中央太平洋铁路公司共同承建横贯美国东西大陆的太平洋铁路，这条铁路对当时南北战争中的北方来说具有重要的战略意义。1869 年 5 月，太平洋铁路建成完工，宣告了美国大陆在经济运行上开始连成一体，推动美国成为联结太平洋和大西洋的经济大国。自此，美国铁路建设得到了空前的发展，1890 年铁路里程增至约 17 万英

---

① 也有文献记载，美国第一条实际动工的铁路为 1826 年 10 月 7 日启动的马萨诸塞州的花岗岩铁路，这条铁路宽 5 英尺，总长仅 3 英里，完全由马或骡驱动，其建设是为了在昆西和内森特河（米尔顿）之间运输花岗岩板，用于建造邦克山纪念碑。

② 1 英里≈1.609 千米。

里，1910 年增至 35 万英里，1915 年后美国铁路里程比欧洲铁路里程总和还要长。

2. 铁路建设对美国现代化发展的重要作用

正如 T.J.Stiles 在《第一大亨：美国商业巨擘范德比尔特的伟大人生》(*The First Tycoon: The Epic Life of Cornelius Vanderbilt*)中指出的，铁路从根本上改变了美国，而不仅仅是改善了交通运输，它开创了我们今天所知的现代化的美国。

19 世纪早期，铁路作为新的运输手段开始登上历史舞台。早期的铁路和当时的收费公路一样，仅仅是铺设好线路之后征收使用费，是一种道路租赁业务。早期的美国铁路并不是为了提供州际旅行，甚至州内旅行，相反，它们完全是为特定的需要而建造的。南北战争期间，当时北方铁路路网较南方更加完善，因此在物资运输方面，铁路运输更加畅通、时效性更强，可以说良好的铁路设施对北方的最后胜利起了重要作用。

1865 年南北战争结束后，美国从农业国家转型为工业国家。随着产业结构的变化，铁路运输的优势进一步凸显，铁路发展迎来了黄金时期。各铁路公司的铁路线逐渐连接起来，并统一了路轨、车厢等各项技术标准，制定统一的列车时刻表，形成了全国性的网络。铁路大开发对美国经济的发展起到了重要的助推作用，太平洋沿岸的铁路修建促进了美国与远东地区的商业往来，是西部铁路系统的重要组成部分，促进了落基山脉广大毗邻地区的制造业发展和经济繁荣，铁路运输业发展成为美国最重要的产业之一，最多时吸纳了美国全国十分之一的劳动力。

19世纪，美国的工业化发展在很大程度上受到铁路发展的驱动。为促进经济发展，美国政府给铁路建设提供了多种优惠政策并且少有限制（直至1887年），铁路行业迅速发展起来。同期，美国政府采取了赠送土地、减免赋税等优惠政策鼓励铁路产业的发展，在政府的鼓励下，美国铁路蓬勃发展，铁路里程迅速增加，铁路公司数量呈爆发式增长，至1916年到达鼎盛时期，美国铁路里程达到历史最高峰——40.6万千米，构成了美国特有的多线平行的路网结构。此时，铁路运输占有客货运输市场的绝大部分份额，承担了约98%的货运周转量和约77%的客运周转量。

3. 铁路公司的资本运作及对信用评估需求的产生

20世纪之前，美国铁路发展与其金融发展是密不可分的，铁路公司是美国较早发行债券和股票的公司。19世纪中叶以来，铁路产业发展迅速，南北战争结束后，美国成立了多家铁路公司，由于铁路建设周期长、耗资巨大，通过银行借款提供的资金已经不能满足其发展需要，铁路公司纷纷开始发行铁路证券（股票和债券），并以铁路公司的高分红及铁路轨道建成后产生的高收益为保障，向公众融资，并吸引了大量投资者，如当时统一公债的收益率为3.3%左右时，铁路公司的分红已达到年利率8%～10%。据《商务与金融纪事报》记载，1866年债券发行量仅为158笔，1872年增至421笔，1899年增至855笔，其中404笔与铁路相关，196笔与城轨相关，55笔与天然气和电力相关，200笔与其他工业和公用事业相关，即债券发行中近一半为铁路债券,且增速迅猛。

此前,美国债券市场的发行主体主要为联邦政府和地方政府。投资者认为政府有能力也有意愿履行联邦政府和地方政府债券,因此了解政府所筹集资金用途及相关商业计划和财政事务的需求不高。但公司债券则不同,以铁路债券为代表的美国公司债券发展时期,正是美国铁路市场处于开放的自由竞争阶段,铁路产业过度膨胀的发展引发了各种问题,如私人投资集中、铁路数量过多、分散建设、无序竞争、过度追求高额利润等。面对良莠不齐的铁路债券,投资者很难判断和比较它们的信用风险。因此,市场对独立第三方提供的信息产生了强大的需求。在此背景下,向投资者提供企业的商业信息、信用信息的服务出现了。

二、信用评级的前身与产生标志

(一)信用评级的前身:出版社

19世纪中叶,面对鱼龙混杂的公司及其发行的债券,投资者很难准确评估不同行业不同公司发行债券的真实收益。首先,投资者自己评估需要耗费大量的时间;其次,投资者很难获取相对完整真实的企业数据,即投资者的信息搜索和筛选成本很高,但准确率较低。因此,为降低信息搜集成本与时间成本、提高投资效率、缓减信息不对称，投资者对能够及时、准确提供企业基本信息、财务信息及信用分析的需求持续上升。当时，最容易获得各类信息并有能力将大量信息进行整理分析的非官方组织是报社、出版社等公司，这类公司在互联网出现前，掌握着市场相对较全面的信息，通过提供期刊、书籍等向市场传递信息，这也解释了当我们研究目前国际主要评级机构的发展起源时，会发现他们的前身大多为出版社。

早期的标准普尔以普尔出版公司和标准统计公司为代表，向市场提供投资信息和财务分析。1849年，亨瑞·瓦纳姆·普尔收购了《美国铁路杂志》(*American Railroad Journal*)，通过分析铁路债券的供求状况，对最佳投资时机提出建议。1860年，普尔出版了《美国铁路和运河史》(*History of the Railroads and Canals of the United States*)，帮助投资者了解当时美国发展最快的铁路行业，1868年出版的《美国铁路手册》(*Manual of the Rail roads of the United States*)，主要介绍了铁路公司的经营和财务统计数据，大幅提高投资者透明度。之后，公司一直致力于为铁路公司提供财务分析和数据统计类的分析，并经过不断发展，成为当时华尔街的领军公司之一。1919年，公司更名为普尔出版公司（Poor's Publishing Company，以下简称普尔出版）。

另一家"标准普尔"的前身——标准统计公司（Standard Statistics Bureau，以下简称标准统计），由路德·李·布莱克于1909年创立，该公司主要向市场提供美国公司的财务信息和财经资讯。相比两家提供的产品和服务，普尔出版主要是制作内容为铁路公司财务数据的阅读手册，标准统计则是制作 5 英寸 ×7 英寸[①]的带有财经新闻的卡片。1913 年起，布莱克购买了巴布森股票和债券系统之后，也开始推出关于股票和债券的完整报告，并逐渐发展成为当时普尔出版的主要竞争对手之一。直至 1941 年，两家公司在经历了美国大萧条带来的经营冲击后，合并为"标准普尔公司"（Standard & Poor's Corporation）。

与普尔出版类似，早期的穆迪投资者服务公司（以下简称穆迪）也以向投资者提供关于铁路投资的出版物的方式，逐渐获得发展。1900 年，约翰·穆迪出版了《穆迪工业及其他行业手册》（Moody's Manual of Industrial and Miscellaneous Securities，以下简称《穆迪手册》），公布各行各业（金融机构、政府机构、制造业、采矿业和其他行业）公司的股票和债券的一般信息及数据。虽然穆迪手册逐渐发展成为全国性的刊物，但在 1907 年的经济危机中因缺少资金支持，该刊物被出售。1909 年，约翰·穆迪重新回归，并带来了《穆迪铁路投资分析》（Moody's analyses of Railroad Investments），对铁路公司的运作和融资提出自己的分析，并提出用"Aaa-C"的简单符号来表示评级结果。约翰·穆迪的做法受到了投资者的广泛欢迎。此后，约翰·穆迪评价的内容和范围越来越广，从铁路公司的股票和债券，到工业公司和公用事业公司（1913 年）以及他们所发行的债券的评级，1918 年以后还扩大到了外国政府在美国发行的政府债券的评级。1914 年，穆迪投资者服务公司（Moody's Investors Service）成立。

---

① 1 英寸≈ 0.254 厘米。

（二）信用评级的产生标志：评级符号的出现

正如前文所述，最早推出信用等级符号的人为约翰·穆迪。1909年，约翰·穆迪在《穆迪铁路投资分析》一书中，首次发布了铁路债券的评级情况，对250多家铁路公司及其未清偿证券，从财务实力、违约率、损失程度和转让风险等方面进行分析，并首次采用"Aaa-C"的简单符号对这些证券的相对投资质量给出简明结论，如表1-2所示。由此，带有信用等级符号现代意义的信用评级正式出现。

表1-2 穆迪早期的信用等级符号及定义

符号	定义
Aaa	受评债务为最高质量，信用风险最低
Aa	受评债务为高质量，信用风险很低
A	受评债务为中高质量，信用风险较低
Baa	受评债务为中等质量，并受中等信用风险的影响，可能呈现某些投机特征
Ba	受评债务为投机性，信用风险较高
B	受评债务为投机性债务，信用风险高
Caa	受评债务为投机性且质量较差，信用风险很高
Ca	受评债务具有极高的投机性，有可能或很可能有不回本金和利息的违约风险
C	受评债务为违约级，收回本金或利息的可能性很小

资料来源：穆迪官网，大公国际整理。

早期的信用等级符号没有"+""-"号之分，随着债务证券种类的不断增多，评级机构在最初符号等级的基础上开始增加"+""-"号，以及前缀或后缀，以对不同国家或区域的不同券种进行区分。

由于信用等级符号具有简单、直观的特征，穆迪信用等级符号一经推出便受到投资者的普遍欢迎。惠誉紧随其后也推出了其信用等级符号。1913年，约翰·诺尔斯·惠誉创立了惠誉出版公司（Fitch Publishing Company），并推出《惠誉债券手册》（Fitch Bond Book）和《惠誉股票和债券指南》（Fitch Stock and Bond Manual），向投资者提供股票和债券的财务统计数据与分析，并于1923年公布"AAA-D"信用等级符号体系。随后，标准普尔等公司也陆续公布其信用等级符号，用信用等级符号来表示债券偿还能力逐渐成为发行方与投资方默认的市场行为。

信用等级符号的出现标志着信用评级行业的正式产生。

一方面，信用等级符号被资本市场广泛认可和使用，说明信用评级服务的市场价值及其市场需求已上升到提供此类服务的机构可以从传统的出版行业脱离出来自立门户的程度，或者市场需要专门的信用评级公司为债券市场发行与交易提供信用风险评估服务，信用评级行业的出现在很大程度上也归功于债券市场的快速发展，信用评级行业的发展与债券市场的发展相辅相成。

另一方面，拥有信用等级符号标志的信用评级公司与企业征信公司之间的差异也渐渐凸显。征信公司是指对企业、事业单位等组织的信用信息和个人的信用信息进行采集、整理、保存、加工，并向信息使用者提供关于企业和个人信用状况的调查、评估等征信产品的经营性活动，征信公司提供的信用调查报告不向社会公开，仅供委托人决策参考。目前，征信行业的代表性公司为邓白氏，主要为商业市场信用评估；美国个人征信市场的代表性公司有益博睿（Experian）、艾可菲（Equifax）、全联（Trans Union）。信用评级机构提供的信用评级报告主要面向社会公众公开发布，为公众决策提供参考，主要服务于资本市场。信用评级机构与征信公司之间的差异随着信用等级符号的出现也逐渐清晰。

随着资信评级观点的信息深度和传播广度提高，信用评级缓解信息不对称的有效性得到市场认可，帮助了更多原本发行债券困难的企业进入债券市场融资，评级行业也促进了债券市场的发展，此后评级业务逐步扩大到公用事业债券、工业企业债券、市政债券等。20世纪初，美国债券市场中几乎所有的债券都有了信用评级，评级行业正式形成。

三、早期信用评级服务的特点

（一）经营主体：以出版公司和统计公司为主

早期提供信用评级服务的大多是出版公司、统计公司，如标准统计公司、普尔出版公司、惠誉出版公司。正如前文所述，随着美国债券市场由政府债券向市政债券、公司债券等券种拓展，而且不同行业的发行主体不断增加，投资者仅凭自身的信息搜集渠道和评估能力很难准确判断债券的收益与风险，其时间成本、信息搜集成本均较高，因此，专门提供债券信用风险评估服务的第三方独立机构很快受到市场的青睐。当时，最容易以低成本、高效率获得信息并整理出版的公司、报社、统计公司等，它们通过提供书籍、期刊等读物向市场传递投资信息。

需要注意的是，当时互联网尚未出现，甚至复印机也没有问世，印刷成本很高。因此，出版公司是基于市场对信用评估服务需求的增加，才开始印刷分析企业基本信息、财务信息等内容的刊物或书籍。随着债券市场的发展和信用等级符号的出现，信用评级机构才逐渐从出版公司分离出来成为市场上独立的第三方金融服务机构。

从当前国际三大评级机构的企业发展史，能看到很多出版公司的身影，如标准普尔公司的前身为普尔出版公司和标准统计公司，惠誉公司的前身为惠誉出版公司。

（二）盈利模式：从免费到投资人付费，以订阅为主

早期信用评级作为图书等出版物的增值部分，在刚出现的一段时间内未进行额外收费，随着市场对企业分析需求量的上升且信息搜集成本上升后，以国际三大评级机构为代表的评级机构开始主要依靠出售包括评级信息在内的出版物及相关信息从投资者处获取收入。因为当时会买这些信息且有长期订阅需求的主要是投资者，而且当时不仅手机、计算机、互联网还没出现，连复印机也没有出现，印刷成本也

很高，所以能否买对债券，在很大程度上还要看投资者愿意花多少钱买多少信息。

到20世纪30年代复印机出现后，印刷成本大幅下降。据相关文献记载，在复印机问世之前，人们复制图像只能依靠柯达的摄影技术，而该技术的成本是每张15美分，施乐公司的复印机推出后，这一成本降低到了每张仅3美分，并且已经涵盖了人工成本。在施乐公司914型复印机上市前，全球一年只能复制2000万份文件，而到了1964年，这一数值增加到每年95亿份。对于评级行业来说，复印机的出现放大了评级分析成果的外部性，使得评级报告成为可供广泛传播的半共享式公共产品，而这一转变是促使评级机构改变业务模式、收费模式的直接原因。

（三）竞争模式：完全竞争，进入"门槛"低

国际评级行业在进入当前的寡头垄断格局之前，经历了很长时间的完全竞争时期。这与美国对评级行业的监管体系尚未建立健全有关，直至1975年美国才开启了对评级机构的正式监管，此前少有的监管文件也是侧重于将评级结果应用于对金融机构的考察中。因此，早期的评级行业主要表现为完全竞争市场的特征，即"门槛"较低、竞争激烈，不少评级机构在经济不景气时退出行业，像标普、邓白氏、穆迪等企业早期的多次收购合并，也是在经济萧条的大环境下进行的。

标普的创始人之一亨瑞·瓦纳姆·普尔在创立普尔出版公司之前，已通过出版图书累积了一定的市场影响力，而1941年与其合并的

标准统计公司，在此前一直为普尔出版公司的竞争对手，两家竞争对手的合并很大程度上是由于经历了1933年的美国经济大萧条，合并也是两家企业持续生存的最好选择。

同样在经历1933年大萧条合并的公司还有邓白氏，其发展历程可追溯至1841年，那年由路易斯·塔班创立了第一家商业信用机构。1849年塔班退休后，前雇员本杰明·道格拉斯接手公司，并在1859年将公司卖给了罗伯特·格雷厄姆·邓，公司更名为邓氏公司（R.G. Dun & Company），开始了大规模扩张策略。此时，其主要竞争对手是由约翰·白兰德斯特于1849年成立的白氏公司（Bradstreet Company），与邓氏公司经营着类似的信息服务业务。白氏公司于1851年出版了世界上第一本企业资信评级参考书，其信用评级方法被广泛接纳，是当时邓氏公司的有力竞争者。这两家公司在历经70多年的白热化竞争后，于1933年在大萧条期间合并，合并后的公司即邓白氏公司（Dun & Bradstreet）。

同样经历早期完全市场激烈竞争的典型例子还有穆迪。穆迪的创始人在创立穆迪投资者服务公司（1914年）之前，已经"二进"市场，即1900年带着"穆迪手册"进入该行业，但在1907年股市崩盘中出售其已小有名气的成果刊物，销声匿迹两年后，才带着《穆迪铁路投资分析》重新回归，并于同年推出评级符号，正式打开评级行业的大门。值得注意的是，1962年，穆迪被邓白氏全资收购，在较长时间一直为邓白氏的子公司（至2000年）。

虽然，早期在竞争中被彻底淘汰的公司今天已不得而知，但从标普和邓白氏早期被收购和合并的发展路径，以及早期穆迪险些被市场淘汰的境遇来看，当时信用评级行业的进入、退出"门槛"均较低，完全竞争下信用评级服务机构议价空间小，企业生存与发展均以市场为导向。

（四）监管模式：无监管，行业自律且言论自由

正如前文所述，美国评级行业的产生在评级行业监管出现之前。早期与评级相关的监管文件更侧重于对评级结果的使用，如1931年美国货币监理署（Office of Comptroller of Currency，OCC）将评级结果应用到考察其他的金融机构中，实际上达到了助推评级机构发展的效果；美国证监会（Securities and Exchange Commission，SEC）于1934年成立（并于1975年推出NRSROs，正式开启了对评级行业的监管），比评级业务的出现晚了90多年。

20世纪70年代以前，美国信用评级行业主要依靠行业自律，虽然《1933年证券法》涉及对评级机构利益冲突的约束规定，即"禁止证券承销商对其承销的有价证券进行评级"，但此时没有专门的法律法规及监管机构对评级机构进行监管。

美国早期的法律环境和司法实践更侧重于对评级机构言论自由的法律保护。美国第一宪法修正案明确规定，公民自由发表言论的权利神圣不可侵犯。信用评级是对债务人或者特定债务未来履约可能性的预测，存在评级意见失误的风险，美国法律考虑到信用评级机构能为公众提供信息以解决信息不对称问题，有利于投资者利益和资本市场稳健，符合公众利益，因此，基于"公共利益特权"而对评级机构的

言论自由予以保护，即涉及公众"有权获知"的言论，即使后来证明有错，仍有可能受到特权保护，除非这种信息被证明含有实质上的恶意。只要不怀恶意，不得因这些机构发布的信息含有错误的内容而使他们受到法律追诉。评级机构因言论自由而获得法院支持的案例包括1993年杰斐逊县学区诉穆迪、1994年橙县诉标准普尔等。

四、国际三大信用评级机构的产生与发展

（一）穆迪

1914年，穆迪投资者服务公司（Moody's Investors Service）成立，在接下来的10年发展历程中，穆迪[①]将业务拓展到各类债券评级，几乎对所有的政府债券进行评级，并覆盖了由美国各市州发行的工业公司、公用事业和政府债券。

作为当前世界一流的国际评级机构之一，穆迪的业务扩张在不同时期呈现不同的特征。

1. 早期扩张特点：以拓展评级业务、产品类型为主

1970年，首次对欧洲债券评级。

1972年，开始对商业票据进行评级。

---

① 穆迪于1962年被邓白氏收购，于2000年被分拆(spun off)，同年，穆迪在纽交所上市。

1974 年，首次对银行类债券进行评级。

1984 年，提供结构融资类评级。

1986 年，开始对银行存款进行评级。

2. 发展及成熟期扩张特点：以拓宽国际市场为主

1985 年，在日本东京设立办事处。

1987 年，在法国巴黎设立办事处。

1988 年，在澳大利亚悉尼设立办事处。

1991 年，在德国法兰克福设立办事处。

1992 年，在西班牙马德里设立办事处。

1994 年，在中国香港和加拿大多伦多设立办事处。

1995 年，在新加坡设立办事处。

1996 年，在巴西圣保罗设立办事处。

1998 年，在韩国成立附属公司 KIS，在印度成立附属公司 India ICRA。

1999 年，在意大利米兰设立办事处。

3. 成熟及稳定期扩张特点：以技术合作、收购和投资为主，且收购对象由评级公司向金融服务公司、信息科技公司转移

1990 年，与彭博社（Bloomberg）合作，在其终端可查阅评级和研究成果。

1994 年，收购 Docutronics and Financial Proformas，Inc。

1999 年，收购智利 Clasificadora de Riesgo Humphreys Ltda 和 Humphreys-Argentina.；与中国大公国际资信评估有限公司开展战略合作。

2000年，穆迪在纽约证券交易所上市，股票代码（MCO）。

2002年，收购定量风险建模公司。

2005年，收购Economy.com，该公司是一家领先的独立经济研究和数据服务提供商。

2006年，收购中诚信国际信用评级有限责任公司（CCXI）部分股权。

2007年，收购以色列信用评级机构米德鲁格有限公司（MidroogLT.）多数股权，进军以色列市场。

2008年，收购Fermat国际，该公司是一家全球领先的银行业风险和绩效管理软件供应商；收购总部位于英国的恩布咨询有限公司，该公司是一家为金融从业者提供专业培训的机构；组建穆迪分析公司（Moody's Analytics），旨在汇集世界一流的金融情报和分析工具，帮助企业领导者做出更好、更快的决策。

2010年，收购加拿大证券机构/协会，该公司是一家商业地产信用领域的培训服务机构。

2011年，收购了科帕尔合伙人（Copal Partners）的多数股权，该公司是外包金融研究和分析服务的先驱。通过科帕尔合伙人，还收购了安巴研究公司（Amba Research），这是一家专门进行投资研究和分析的公司。同年，收购巴里和希伯特有限公司（Barrie & Hibbert Limited），这是一家领先的保险风险管理建模工具提供商。

2014年，收购WebEquity Solution，该公司是一家领先的线上贷款平台；收购Lewtan Technologies，该公司是一家提供资产证券化产品相关的数据和分析解决方案的服务商。

2015年，收购Equilibrium，该公司是一家在秘鲁乃至南美洲领先的信用评级和研究服务提供商，进军秘鲁市场。

2016年，收购GGY，该公司是全球寿险行业领先的精算软件提供商；投资Finagraph，该公司是一家自动化金融数据收集和商业智能解决方案提供商。

2017年，收购Bureau van Dijk，该公司是全球领先的商业智能和公司信息服务商；投资Security Scorecard，该公司是一家领先的网络安全评级公司；投资CompStak，该公司是提供众包（crowdsourced）商业地产数据的平台。

2018年，收购美国商业房地产数据领先提供商Reis, Inc.；收购智利国际信用评级机构（ICR智利）的少数股权；投资QuantCube Technology，该公司是一家基于人工智能可提供实时预测分析的创新型企业；投资Team8 Partners II, L.P.，该公司是一家专门从事网络安全和数据的智囊团。

2019年，收购Vigeo Eiris多数股权，该公司是全球ESG领域的领先机构；收购Four Twenty Seven. Inc多数股权，该公司是一家领先的数据、情报和分析提供商；投资购买商道纵横（SynTao）的少数股权，该公司是一家提供ESG数据和分析的公司，主要市场在中国。

2020年，收购监管数据公司，该公司是一家反洗钱和掌握客户数据与尽职调查服务的领先机构。

纵观穆迪的发展历程，发现其主要采取了市场导向的多元化、国际化发展战略，发展路径大体呈现三个阶段性特征：第一阶段为国内稳固阶段，主要通过提供有价值的债务证券的信用评级业务，在本土债券市场不断扩大、深耕其评级业务，通过提高客户黏性、产生稳定的客户群，不断提高产品和服务质量，提升国内市场份额；第二阶段为国际扩张阶段，在本土市场获得高度认可之后，开始进行国际扩张，扩张方式主要包括设立办事处、成立附属公司等；第三阶段为国际稳固阶段，这一阶段穆迪主要通过收购或投资其他评级机构、金融科技类公司等，以巩固国际地位。

（二）标普全球

2022年之前，标普全球（S&P Global）主要有四大业务板块[①]：标普评级（S&P Global Ratings）、标普财智（S&P Global Market Intelligence）、标普道琼斯指数（S&P Dow Jones Indices）和普氏能源（S&P Global Platts）。前三个板块业务在标普全球更名前同属于"标准普尔"[②]，普氏能源则是麦格劳希尔的主营业务之一，后因麦格劳希尔业务调整[③]成为标普全球的业务板块之一。相较穆迪、惠誉以评级业务起家的发展史，自成立之初便"百花齐放"的标准普尔，与同行有着不一样的发展轨迹。

[①] 最新标普全球有六大收入板块，具体可见本书第五章。
[②] 标准普尔于1966年被麦格劳希尔（McGraw-Hill）收购，成为其主要业务板块之一，当时麦格劳希尔旗下主要业务板块有：标准普尔、麦格劳希尔教育、《商业周刊》（*Business Week*）、《航空周刊》（*Aviation Week*）、普氏能源资讯（Platts）、麦格劳希尔建筑等。
[③] 2012年，麦格劳希尔出售其教育、出版业务后，公司更名为麦格劳希尔金融，2016年，麦格劳希尔金融又更名为标普全球。

1. 早期的标普评级和标普财智

1849 年，美国的一名金融分析师亨瑞·瓦纳姆·普尔收购了《美国铁路杂志》（American Railroad Journal），通过分析铁路债券的供求状况，对最佳投资时机提出建议。1860 年，普尔出版了《美国铁路和运河史》（History of the Railroads and Canals of the United States），帮助投资者了解当时美国发展速度最快的铁路行业。1868 年，他又出版了《美国铁路手册》（Manual of the Rail roads of the United States），主要介绍铁路公司的经营和财务统计数据，大幅提高投资信息透明度。同年，亨瑞·瓦纳姆·普尔和其子共同创立了 H.V. 和 H.W.Poor 公司，致力于为铁路公司提供财务统计数据服务。在之后的五年内，该公司成为华尔街领先公司之一。1919 年，公司更名为普尔出版公司（Poor's Publishing Company）。

1888 年，美国的一位学校老师詹姆斯·H. 麦格劳，收购了美国铁路设备杂志社（American Journal of Railway Appliances），这是一家专营铁路信息的杂志，也是标普母公司麦格劳希尔（McGraw-Hill）的前身。1929 年，大萧条的前几个月，麦格劳希尔股票于纽交所上市。

1906 年，美国的一名金融分析师路德·李·布莱克，创立了标准统计公司（Standard Statistics Bureau，以下简称"标准统计"），开创性地提供了约 100 家美国公司的财务信息。此前，普尔公司的主营业务是制作铁路公司的财务数据手册，但标准统计公司主要是制作 5 英寸 ×7 英寸的带有财经新闻的卡片。自 1913 年起，标准统计公司在购买了巴布森股票和债券系统（Babson Stock and Bond Card System）之后，也开始推出关于股票和债券的完整报告（full reports），为此后普尔出版和标准统计的合并、业务融合奠定了基础。

1916年，普尔出版公司公布了第一个评级，随后公司又开展了主权债务评级，1922年开始公司债券评级，1923年开始抵押债券评级，1940年开始地方政府债券评级。

1941年，普尔出版公司与标准统计公司合并为"标准普尔"，合并后，公司陆续对各类债券进行全覆盖评级。

1966年，标准普尔被麦格劳希尔（McGraw-Hill）公司收购，收购后麦格劳希尔决定扩大标准普尔的评级服务（Standard and Poor's rating services），此时的标准普尔为麦格劳希尔的一个分支（division），并于1974年，开始向发行人收取评级费用。

标普财智为由评级业务衍生的麦格劳希尔的另一个分支，1969年，标普财智发布"CUSIP"目录，即美国金融证券的通用索引。

20世纪80年代，标准普尔在英国伦敦和日本东京设立了办事处。

2. 标普指数

1882年，查尔斯·亨利·道创立道琼斯公司，编写发行了统计股票和债券收盘价的"致读者下午信"，这种简易印刷品被人们称为"手写短信息"。1889年，该印刷品扩大为报纸，并正式更名为《华尔街日报》（Wall Street Journal）。其间，道琼斯公司接到了顾客的投诉，顾客称受纸质报纸的派送速度慢等影响，不能及时获得信息。因此，该公司开始利用电信和电传纸带（印有文字的细长纸条）发布股票和债券信息。同时，公司还提供新闻资讯服务，就是今天的道琼斯新闻。利用电传纸带，证券公司及大额投资人在办公室就可以第一时间了解到最新的证券价格和新闻。

1896年，道琼斯公司开始发布道琼斯工业平均指数（Dow Jones Industrial Average），最初只有工业股票指数和铁路股票指数两种信息。当时，工业股票价格平均指数由12只成分股构成，铁路股票价格平均指数由20只成分股构成。1902年，道琼斯公司被克莱伦斯—巴伦（Clarence W. Barro）收购。

1923年，标准统计公司发布了第一个股市指数，涵盖233家公司。

1926年，标准统计公司发布涵盖90只股票的综合价格指数。

1941年，标准普尔旗下的标普指数基于的公司数量涨至416家。

1942年，第二次世界大战后，标准普尔认识到利用计算机自动化的新技术来扩大其服务和影响力，他们开始跟踪90只股票，提供更全面、实时的信息。

1957年，受益于计算机带来的变革，标准普尔推出了标普500指数（S&P500），从此第一个由计算机生成的股票指数开始应用。

2012年，麦格劳希尔（标普指数母公司）与芝商所（道琼斯指数母公司）合作推出"标普道琼斯指数"。

2015年，标普指数发布标普500债券指数，这是首个以标普500指数成分股公司债券为基础并提供当日收盘价的固定收益指数。

2016年，标普指数发布标普中国500指数。

3. 普氏能源（S&P Global Platts）

普氏能源是标普全球旗下的全球大宗商品和能源市场信息和基准价格评估服务板块，主要提供全球商品价格数据、分析和产业预测等服务。该业务自 1909 年创立以来，至今已有近 100 年历史，为能源和大宗商品市场提供基准价格和信息。

1909 年，一位擅长石油市场的新闻记者沃伦·普拉特，开始每月发布《国家石油新闻》（*National Petroleum News*），以提高油气市场信息透明度，并于 1923 年推出普氏报价（Platts Oilgram），开始每日发布石油行业的市场数据与信息。

1928 年，标准石油公司、荷兰皇家壳牌石油公司和英波斯石油在其石油交易中以普氏报价为基准，至此普氏报价成为全球石油交易价格的基准。

1953 年，普氏被麦格劳希尔收购，此后，普氏涉足的领域不断拓展到电力、石油和天然气、石化、农业、航运和金属等。

2016 年，随着麦格劳希尔金融更名为标普全球，普氏亦更名为普氏能源。

由上述发展历程可知，标普评级的发展离不开其母公司麦格劳希尔的支持，并且其最终"取代"了麦格劳希尔。2012，麦格劳希尔出售其教育业务后，将公司更名为麦格劳希尔金融，该公司随后于 2016 年又更名为标普全球。

（三）惠誉

1913年12月24日，约翰·惠誉创立了惠誉出版公司（Fitch Publishing Company），公司位于纽约市金融中心汉诺威广场珍珠大街138号。作为惠誉评级的前身，公司当时以出版金融统计数据类书籍为主营，主要出版物有《惠誉债券手册》（*Fitch Bond Book*）和《惠誉股票和债券指南》（*Fitch Stock and Bond Manual*）。1923年，公司开始使用"AAA-D"评级符号体系来表示受评债券和主体的信用等级，标志着其由出版公司转为信用评级机构。1975年，公司成为首批获美国证券交易委员会授予"国家认可的评级机构（NRSROs[①]）"资格的三大评级机构之一。

受互联网影响，惠誉于1997年被法国FIMALAC S.A.公司（Financière Marc de Lacharrière，以下简称FIMALAC）收购，成为其全资子公司。FIMALAC在互联网出现前，已通过股权投资涉足房地产、银行、出版社、贵金属合金等领域，这些都是当时投资回报率较高的行业。随着互联网的发展，FIMALAC不断开始出售其在房地产、出版社、贵金属和合金等领域的股份，并积极支持惠誉的信用评级业务。FIMALAC于1993年收购了国际银行和信贷分析公司（IBCA），IBCA是一家总部位于伦敦的债券评级公司，也是欧洲第一家本土信用评级公司以及当时唯一一家被SEC认可为NRSRO的非美国评级公司。1996年，FIMALAC通过IBCA收购了美国保险评级

---

① 1975年成立，可以作为美国评级行业由自由竞争转入寡头垄断的标志性事件之一。1975年至2003年，NRSROs成员主要为标普、穆迪、惠誉这三家，偶有加入的公司也被兼并。

公司 Quest，进入"门槛"较高的美国市场。1997 年，FIMALAC 以 1.75 亿美元的价格收购了惠誉，并推动惠誉与 IBCA 合并，合并后的公司更名为惠誉 IBCA（Fitch IBCA）。此次收购后，惠誉成为一家"欧洲评级机构"，并快速进入欧洲信用评级市场。随后，FIMALAC 于 2000 年收购了 Duff & Phelps[①]的信用评级业务，以及银行评级公司 Thomson Financial Bankwatch[②]，并将收购后的公司划入惠誉 IBCA，逐渐形成了惠誉的全球版图。

受互联网影响，FIMALAC 大力发展惠誉 IBCA 的在线服务业务，2000 年，FIMALAC 公司在宣布其"互联网经济"发展的同时，称其 50% 的收入来自惠誉 IBCA 的在线服务和 Facom 互联网。在 FIMALAC 的推动下，2002 年，惠誉 IBCA 正式更名为惠誉评级（Fitch Ratings），2008 年，惠誉解决方案（Fitch Solutions）上线，2013 年，惠誉培训（Fitch Training）和 7city[③]合并为惠誉教育（Fitch Learning）。2014 年，惠誉收购 BMI 研究（Business Monitor International Research，以下简称 BMI）。BMI 业务为整合国家风险和行业分析，以及对全球、区域和国家层面动态和趋势的预测，范围覆盖 200 个国家和 24 个行业。

赫斯特家族于 2006 年首次购入惠誉 20% 股份，随后分几次增持，直至 2018 年，惠誉集团及旗下惠誉评级、惠誉教育、惠誉解决

---

① 一家总部位于纽约的跨国金融咨询公司，成立于 1932 年。
② 原加拿大汤姆森出版公司的一部分，为全球 95 个国家超过 1000 多家银行提供评级服务，可查询不同国家主权级别与主要银行级别。
③ 2000 年成立，2013 年由惠誉收购，现为 FITCH CFA REVIEW，主要提供 CFA 在线培训课程。

方案3个全资子公司由赫斯特集团^①（HEARST GROUP）实现全资控股。惠誉重新成为一家"美国评级公司"。

赫斯特集团是一家美国出版巨头和多元化传媒集团，总部位于纽约，创始人为威廉·伦道夫·赫斯特，主要业务涉及15家日报、34家周刊，以及全球范围内超过300家杂志刊物（包括时尚芭莎、时尚、时尚先生、*ELLE*和奥普拉杂志等），覆盖18%的美国家庭和29个地方电视台，以及A+E Networks和ESPN等有线电视网络。此外，还涉及商业出版、电子商务、房地产、信息服务等领域。赫斯特集团的信息服务资源将推动惠誉实现大数据时代信用评级的快速转型。

由惠誉的发展历程可知，其业务的全球拓展及其所获得的与标普和穆迪并称三巨头之一的业界地位，均离不开FIMALAC的指挥和支持，这也是惠誉至今仍被认为是"欧资"评级公司的主要原因。

---

① 赫斯特在中国的直接投资包括：IGG、Yoka、达令、流利说、酷家乐、凹凸共享租车、站酷等；与IDG、二十一世纪福克斯三方合作成立的媒体基金，参与投资了传奇影业、哔哩哔哩、昆仑决、新英体育等众多新兴公司。

第二章　国际信用评级行业的发展历程

第一章介绍了国际评级业务的起源、早期业务雏形、评级符号的出现，以及评级行业和评级市场的正式形成，由第一章的介绍可知，国际信用评级是在市场需求下自发形成与发展的，以减少发行人和投资人市场信息不对称、促进发行定价公平公正、促进市场信息透明、降低投资风险等为宗旨，广受市场投资者欢迎，并获得发展基础。本章将重点对国际评级行业的发展进行深入介绍。由于各国家和地区的评级行业发展历程大有不同，本章将对美国、欧洲等主要国家和地区的评级行业发展进行详细介绍。

一、美国信用评级行业的发展

美国是全球信用评级行业的发源地，其评级行业的发展历史已有180多年。根据美国监管机构对评级机构监管政策的改进，以及历史上发生的重大事件，可大体将美国评级行业的发展历程分为三个阶段。

（一）第一阶段：形成与快速发展期（1975年以前）

第一章已介绍了美国评级业务的产生与评级行业的形成，此处不再赘述。20世纪初，美国债券市场内几乎所有的债券都有了信用评级，信用评级在美国金融市场的作用也逐渐凸显，美国政府及金融监管部门也在几次经济危机中意识到信用评级的作用。

1929年至1933年的经济危机严重冲击了美国资本市场，其间美国超过20%的债券不能如期偿还债务，但评级机构给出的高级别的债券却较少违约。投资者和政府部门逐渐认为信用评级可以为投资者提供保护，美国金融监管机构也开始使用评级结果作为投资的"门槛"之一。例如，1931年，美国货币监理署规定，若银行持有的债券按面值计，则该债券必须经过至少一家评级机构评级，并且信用等级不得低于BBB级，否则将按照市场价值进行减值，以控制银行信用风险。

1933年，美国公布的《证券法》规定，禁止证券承销公司等有利益冲突的机构对有价证券进行评级，评级服务转为由第三方评级机构担任，评级机构的重要性显著提升。

1936年，美国货币监理署和美联储进一步规定，银行持有的债券必须经过至少两家评级机构评级，并且级别需达到BBB级以上。美国监管机构对评级结果的认可和使用，大幅提升了评级机构在资本市场的地位，评级行业得到了进一步发展。

由此可看出，美国政府及监管部门的监管法规是早期推动评级发展的重要推手，这些法规对资本市场产生了极大的影响，推动信用评级成为资本市场债务融资必要环节。

（二）第二阶段：寡头垄断形成期（1975—2000年）

20世纪70年代，美国经济增长速度明显放缓，同时出现了高失业率、高通胀、低增长等滞胀现象，股市价格暴跌、金融市场动荡和社会问题频出，债券市场也受到较大波及。在此背景下，1970年发生的宾夕法尼亚州中央铁路公司违约事件[1]，给早期保持良好业务记录的信用评级机构带来了第一次冲击[2]。此次违约事件让监管机构意识到，并非所有的评级机构都能够得出准确的评级结论，有必要对不同评级机构资质进行甄别。

1975年，SEC首次将NRSROs纳入联邦证券监管法律体系，通过无异议函的方式确认了标普、穆迪和惠誉为NRSROs，并将这三大机构的信用评级结果纳入金融机构风险测算、资本等监管指标中，要求银行、保险公司等金融机构只能购买由监管机构认可的评级机构认定的债券。

随后，NRSROs的概念被纳入了更多SEC的法规条例中，包括《美国证券法》（1933年）、《美国证券交易法》（1934年）和《美国

---

[1] 宾夕法尼亚铁路是20世纪美国铁路历史上最庞大的铁路，在最高峰时其路网长达10000英里（16000千米），其发展过程中投资或是合并了近800多家铁路公司。宾州铁路在当时曾是全世界最大的上市公司，并且宾州铁路公司亦保持着最长久的连续分配股利长达一百多年的纪录。
宾夕法尼亚铁路在1968年时与其竞争对手纽约中央铁路合并成为宾州中央铁路。联邦政府的州际商业委员会在1969年时要求运营不佳的纽约纽哈芬与哈特福铁路也被纳入宾州中央铁路。但随后在一连串的事件，如通货膨胀、管理不当、异常气候以及联邦政府停止财务支持等因素影响下，宾州中央铁路被迫在1970年6月21日申请破产保护。

[2] 宾州中央铁路公司当时是商业票据违约，其商业票据是由邓白氏一个子公司——国家信用公司（National Credit Office）进行评级的，当时商业票据被认为没有风险。

投资公司法》（1940年），并开始出现在美国国会的立法中。市场和监管机构对信用评级的使用和依赖度提高，使NRSROs认可的重要性日益突出。

1982年，SEC修订了信息披露规则，其中一条涉及信用评级，指出某些类型的不可转换债券或不可转换优先证券若被至少一家NRSRO评为"投资级"证券，则发行人在发行这些不可转换债券或不可转换优先证券时可使用最简化的、披露要求最低的S-3表格进行信息披露。1996年，SEC发布的货币市场基金监管规则规定货币基金投资范围限于高质量的短期金融工具，并以NRSROs评级结果作为投资组合的衡量标准。

美国监管部门对NRSROs评级结果的依赖性持续增强，促使发行人和投资人在发行或购买、持有相关证券时不得不考虑或受制于NRSROs披露的评级结果，NRSROs在资本市场上的话语权得到了显著提升，信用评级逐渐演变成"准强制性"评级。

SEC对评级机构的认证的本意是帮助市场挑出信用优质的评级机构，但实际上抬高了行业进入"门槛"，限制了新的市场进入者，也在无形之中为三大评级机构做了"背书"。在NRSROs推出后的相当长时间内，仅有国际三大评级机构获得NRSROs资格，为其寡头垄断地位奠定了基础。信用评级行业逐渐由一个准入"门槛"较低的自由竞争市场转变为由三大评级机构主宰的寡头垄断市场，而三大评级机构凭借监管部门的"特许"，实际上也从私人商业机构演变为拥有资本市场强大话语权的"准监管机构"。

另外，信用评级的行业特性也推动寡头垄断市场的形成。一般来说，评级行业的核心资产为基于评级技术形成的行业声誉，投资者普遍认为大型评级机构评级技术更高，评级结果更易受到市场的普遍认可，而且存在的欺诈可能性更小。因此，历史发展较久、规模较大的评级机构相较发展期短、规模小的评级机构更易获得投资者的青睐。

（三）第三阶段：强监管时期（2000年以来）

在 2000 年之前，美国没有关于信用评级机构的直接监管规定，NRSROs 资质被视为监管评级机构的一种形式，但 SEC 并未对其获取程序进行明确规定，并且后期对授予资质持审慎态度，造成对信用评级的监管空缺了较长时间，评级机构的评级质量也有所下降。

1. 安然事件后

2001 年，美国能源巨头安然公司的财务造假丑闻曝光，由于涉案人员较多且牵扯政商等领域，引起美国极大震动，并引发美国及全球股市暴跌。随后，IBM、思科、施乐等大企业被曝出存在财务违规行为，美国第二大零售商凯马特公司、美国环球电讯公司等众多公司接连宣布申请破产保护，其间，美国电信巨头世界通讯公司的破产案超越安然公司成为当时美国历史上规模最大的一宗破产案。在调查安然破产事件始末时，评级机构因在其破产前仍给出了最高级别、未揭露真实风险等问题被市场斥责，评级机构面临前所未有的信任危机。

（1）SOX 法案。

受此影响，2002 年 7 月 25 日，美国众议院以 423 票赞成、3 票反对，参议院以 99 票全票赞成迅速通过了《公众公司会计改革和投资者保护法案》，该法案因由参议员保罗·萨班斯和众议员迈克尔·奥克斯利提出，又被称为《2002 年萨班斯-奥克斯利法案》（*Sarbanes-Oxley Act*，SOX 法案），由布什总统在 2002 年 7 月 30 日签署成为正式法律。SOX 法案迅速出台的主要目的是恢复投资者对资本市场的信心、加强审计质量和独立性、建立上市公司会计监管委员会、强化对上市公司的治理改革、增强财务报告责任、保护上市公司投资者的利益免受公司高管及相关机构侵害等。该法案在颁布时没有提出具体的适用豁免，这意味着所有在美国上市的公司，包括注册地在美国以外的公司，都必须遵守该法案，因此也影响了全球范围内其他国家和地区的企业治理和审计实践。该法案成为继 20 世纪 30 年代美国经济大萧条以来，政府制定的涉及范围最广、处罚措施最严厉的公司法案。

SOX 法案标志着美国金融监管的底层逻辑从信息披露转向实质性管制，从评级角度来看，该法案赋予 SEC 更大的权力，明确要求 SEC 就信用评级机构的地位和作用作出说明，以加强对信用评级机构的监管，虽然并未要求 SEC 对其实施监管，但是提出对上市公司严格治理的相关要求同样适用于上市评级机构。

（2）信用评级机构改革法案。

2006 年 9 月 29 日，第一部监管信用评级机构的法律——《2016 信用评级机构改革法案》（*Credit Rating Agency Reform Act of* 2006）正式发布。该法案旨在规范信用评级行业、增强行业竞争性、提高评级机构透明度等，这也是自信用评级机构诞生以来，第一次从法律层面上确立了对评级机构的监管。

该法案通过在《1934年证券交易法》中增加Sec15E并修改了Sec17，初步搭建了以SEC为NRSROs唯一监管机构的制度框架。该法案首次明确了NRSROs的定义——至少连续经营3年并根据该法注册的评级机构，明确了资格认定标准，并以公开透明的申请注册程序取代了"无异议函"的认证方式。根据NRSROs的注册规定，信用评级机构须向SEC提交注册申请表，提供相关信息，并有义务更新其注册信息，相关规定非常详细，明确了SEC授予或拒绝授予NRSROs的理由。信用评级机构成功注册NRSROs之后，必须公开相关申请资料，包括其组织信息、评级表现统计、评级方法、利益冲突和分析师经验等。这种前期披露的规定，使市场参与者对NRSROs的独立性和评级质量自行进行评估，加之NRSROs需要保留所有相关记录，并在保密的基础上向SEC提交年度财务报告，形成了SEC审查信用评级机构的基础。此外，该法案还要求NRSROs披露注册信息并建立利益冲突的防范机制。

此外，该法案赋予了SEC作为NRSROs的监管机构享有制定规章、作出处罚的权力。对于利益冲突、信息披露和年度报告要求方面，SEC有权制定相应规则。同时，SEC对NRSROs享有独家执法权，SEC对发布评级时违反注册申请的程序、标准和方法的NRSROs，可以谴责、限制、暂时吊销或撤销违反该法律的评级机构的NRSROs认证。此外，该法案明确NRSROs的评级言论不视为前瞻性信息，从而不适用《1934年证券交易法》Sec21E规定的前瞻性信息立法安全港的豁免。2007年6月，SEC根据《2006年改革法案》的授权，增加了Sec15E，修改了Sec17，并制定了六条《1934年证券交易法》下的细则 Exchange Act Rules 17g-1 至 Rules 17g-6 以及评级机构统一报表格式 Form NRSROs，细化了《2006 年改革法案》提出的监管框架。

不过，美国国会认为，SEC 缺乏必要的专业知识来规范信用评级的评级方法及其运营模式，在对 SEC 授权的同时也规定了禁止国会、联邦监管机构，以及任何州通过立法干预 NRSROs 评级流程与方法的实质内容，仅规定评级机构在注册 NRSROs 时提交并公布评级方法。

2. 次贷危机后

在 2007 年爆发的次贷危机中，标普、穆迪、惠誉等国际信用评级机构的表现引起了市场对信用评级的强烈质疑。在次贷危机爆发前，三大评级机构均保持对风险极高的证券化产品较高的评级，造成投资者的盲目非理性追捧。在次贷危机爆发后，评级机构快速下调信用评级。这种"事后"调整，加速了市场恐慌，给全球金融危机带来了推波助澜的负面影响。信用评级机构在金融危机中暴露的各种弊端引起了国际上对信用评级机制的反思。

2010 年 7 月 21 日，在全面总结次贷危机经验教训的基础上，时任美国总统的奥巴马签署了《多德-弗兰克华尔街改革与个人消费者保护法案》（以下简称《多德-弗兰克法案》），该法案中的九个条款对《1934 年证券交易法》的 Sec15E 进行了修订，加入了许多有实际意义的内容：在利益冲突方面，提出了业务隔离要求、离职人员回顾审查制度；针对评级流程和方法，要求提高透明度并建立内部控制制度；明确了董事会、独立董事的职责；明确专家责任对 NRSROs 的适用性；授权 SEC 对 NRSROs 进行检查，并就前述制度制定相关实施细则。根据该法案，信用评级机构必须提交关于经营业绩、内部治理、利益冲突等方面的报告。

具体而言，在《多德－弗兰克法案》中，与信用评级监管规则相关的立法改革主要集中在以下几个方面。

（1）强化信息披露，提高信用评级机构的透明度。信用评级的核心功能是发挥独立第三方的作用，并解决信息不对称问题，而强制性信息披露规则是解决以往评级机构选择性信息进行披露的一种有效手段。

该法案加强了对 NRSROs 信息披露的监管力度，要求其公布评级程序、评级方法、尽职调查及评级记录等，以提高信用评级机构的透明度。具体而言，法案的第 932 小节规定评级机构必须公开其评级方法、评级依据和基本假设。由 SEC 制定规则，评级机构确保其评级程序和方法满足监管要求，评级程序和方法的更改必须满足评级的一致性要求。另外，NRSROs 还必须披露其所采用的定量和定性方法，以及因评级程序或方法的变化可能导致的影响等。此外，评级机构必须定期披露其评级表现信息，表明其历史信用评级的准确程度。法案第 938 小节要求评级机构对其使用的符号进行明确界定，并披露评级符号的含义，以及不同符号体系适用的证券范围。对于结构性金融产品，该法案还规定了第三方尽职调查义务。

（2）降低评级依赖。新法案要求减少监管机构对使用 NRSROs 评级的强制性要求，降低对评级的依赖，鼓励投资者进行独立分析。

《多德－弗兰克法案》出台的主要因素之一就是投资者对 NRSROs

及其评级的过度依赖。多年来，SEC 颁布的多项监管规则都引用了 NRSROs 的信用评级结果，将其作为监管基准，例如禁止某些投资部门购买低于"投资级"的证券，或者基于金融机构的证券评级水平，设置相应的保证金要求。

《多德－弗兰克法案》取消了对信用评级的法定监管，试图通过鼓励投资者自行调查潜在投资的信用风险，以减轻市场过度依赖信用评级的风险。《多德－弗兰克法案》的第 939 节删除了各项法律中对信用评级的法定引用，如取消了《联邦存款保险法》《联邦住房安全与健全法》（1932 年）、《投资公司法》（1940 年），以及《证券交易法》（1934 年）中"被评为投资级"或"至少被一个 NRSROs 评为最高两类评级"的规定，将其更换为"符合委员会建立的信用标准"。此外，第 939A 小节要求联邦机构于一年内审查其法规，杜绝任何以信用评级为基准的参考引用，以各机构认为适当的信用标准予以替代，并对信用评级依赖现象进行研究。2014 年 7 月 7 日，SEC 取消《证券交易法》信用评级特定引用的规定正式生效，删除了《证券交易法》中关于券商财务责任和证券交易确认的一些规则对于信用评级的引用。换言之，《多德－弗兰克法案》几乎统一消除了法规中对 NRSROs 的既存法定引用。

（3）建立信用评级机构问责制，引入民事责任。此为信用评级监管规则改革中最为重要的一项举措，允许投资者就评级公司的失误发起民事诉讼，包括未能对事实进行合理调查，或者未能对独立来源信息进行全面分析，追究信用评级机构对其决定信用评级风险的方法所依赖的重要事实没有进行合理的调查等"故意或草率"的行为的法律责任。

具体来看,《多德－弗兰克法案》的很多条款都涉及这些方面的内容,其中最值得注意的是第 939G 小节,废除了《1933 年证券法》中"信用评级可能承担民事责任"的规定,反映出了美国国会的态度,即评级机构在资本市场运作中的作用过于重要,却没有对其欺诈行为承担责任。因此,法案新增了信用评级机构将承担民事责任的相关条款。例如,《多德－弗兰克法案》第 931 节规定:"信用评级机构在债券市场中起到了看门人的重要作用,其功能类似于评估股市证券质量的证券分析师和审查公司财务报表的审计师。"这表明,信用评级机构应当接受与其相似的公众监督和问责制。这一观点在该法案的第 933 小节也有所体现,它允许投资者引用《1934 年证券交易法》的执行和处罚规定,对信用评级机构提起民事诉讼。实际上,从法律责任的角度来看,目前信用评级分析师与"会计师和证券分析师"几乎不存在任何区别。

针对请求信用评级进行损害赔偿的诉讼,《多德－弗兰克法案》进一步放宽了 1995 年《私人证券诉讼改革法》中的辩诉要求。在此之前,原告要进行"实足推断"(Strong Inference),必须证明评级机构"主观故意,并没有真正相信其自身发布的信用质量意见",现在原告只需要提出"信用评级机构明知或罔顾实情,对评估受评证券的信用风险所依赖的事实要素,并没有进行合理的调查",就可以起诉评级机构违反了反欺诈条款第 10-b5 条。此外,《多德－弗兰克法案》修改了《证券交易法》中特定条款的措辞,其中第 932 小节要求评级机构向 SEC"送交"而不是"提交"其注册申请。修改前后看似区别不大,却可能对信用评级机构产生极大影响,因为根据《1934 年证券交易法》第 18 小节，信用评级机构送交给 SEC 的某些文件若存在误导性陈述，则可能因此承担民事赔偿责任。

另外，对于严重违规或多次出现重大评级失误的评级机构，SEC 有权撤销其注册资格。

（4）加强评级机构内部治理和利益冲突等管理。具体方法包括设立董事会、加强在职与离职人员管理、评级机构业务管理等。

《多德－弗兰克法案》要求，每个 NRSROs 都必须设立董事会，负责监督评级政策和流程机制、利益冲突防范机制的建立和执行；规定内控制度的效果；设立职员报酬及晋升机制等。董事会成员中的独立董事不得低于两人，在董事会中人员占比不得低于二分之一，以确保其独立性。独立董事应身份独立，即不得与该 NRSROs 及其附属公司有关联；财务独立，不得从该 NRSROs 接受咨询和其他报酬；业务独立，在评级的相关程序中如与评级结果有利益关联应回避，任期不超过 5 年且不得连任。与董事会职责相关的条款，除规定董事会的总体责任外，还要求董事会必须监督信用评级的决定程序和政策，并负责解决、管理和披露利益冲突，内部控制系统的有效性，以及 NRSROs 的政策与实践。

《多德－弗兰克法案》对从业人员资质提出了具体要求，评级分析人员须通过相应的资格考试，并进行持续的教育。同时，要求 NRSROs 建立对离职人员的回顾审查制度，NRSROs 员工若离职并成为相关发行人、债务人或承销商的雇员，相关 NRSROs 必须进行为期一年的回顾调查，若该员工在过去 12 个月内承接过该企业的信用评级，该 NRSROs 需要就此事项报告 SEC。

另外，法案对评级机构的独立性也进行了强调。《多德－弗兰克法案》要求 NRSROs 在进行评级时，除被评级机构提供的信息外，可从其他来源获取可信信息，以增强评级机构的独立性。

综上，为提高信用评级的质量，《多德－弗兰克法案》授予了 SEC 更多的监管权。法案还要求 SEC 研究如何加强信用评级机构独立性、信用评级机构独立性对信用评级质量的影响等问题，同时要求 SEC 评估信用评级机构如何管理在提供风险管理咨询服务、辅助性协助、其他咨询服务时可能产生的利益冲突。受此影响，美国评级行业监管环境持续趋严，评级行业目前处于并将长期处于严监管、强监管时期。

二、欧洲信用评级行业的发展

（一）第一阶段：自由发展期（2000年以前）

欧洲债券市场从 20 世纪 60 年代开始形成，欧洲各国监管当局出于经济全球化和自由化理念而未对评级市场准入加以限制。基于此，三大评级机构得以通过设立分支机构和兼并重组快速推广评级业务和评级标准，实现信用评级市场的垄断。相比之下，欧洲企业不同于美国企业，一般不愿公开其信息，对于那些要求企业公开其信息的筹资手段，往往不予选择。例如，德国的大企业中有许多是家族公司，他们不愿将公司内部的任何信息透露给外部，因此很长一段时间德国没有专门的评级机构。1978年，欧洲才出现第一家本土评级机构——英国的ICBA公司，该公司后来与惠誉合并。

（二）第二阶段：行业监管期（2000年以来）

1. 安然事件后

1998年9月，国际证监会组织（International Organization of Securities Commissions，IOSCO）发表了一份关于《证券监管目标和原则》（*Objectives and Principles of Securities Regulation*）的报告，该报告规定了证券监管的三大目标，即保护投资者，确保市场公平、高效、透明，以及减少系统性风险，同时设定了30项原则以促进上述目标的达成。

2001年，安然事件的爆发虽然未波及欧洲，但是评级机构暴露出的问题却引起了欧盟监管方的警惕，欧盟议会（European Parliament）要求欧盟委员会开始对信用评级行业监管的立法考量进行评估。

2003年，IOSCO对该原则进行了修改，修改后的38条原则中有22条与信用评级机构相关，其核心主旨是信用评级机构应接受适当程度的监管，监管系统应确保评级结果用于监管目的的信用评级机构必须进行注册登记，并接受持续监管。为了进一步阐释这一原则，2003年9月，IOSCO发布了《关于信用评级机构评级业务原则的声明》（*IOSCO Statement of Principles Regarding the Activities of Credit Rating Agencies*，以下简称《声明》），旨在为证券监管机构、信用评级机构和其他希望信用评级机构改进业务运营的其他机构提供有用的工具。《声明》树立了信用评级行业监管的四个目标，即评级的质量和公正性、评级机构的独立性和利益冲突、透明度和评级披露的时机、信用评级机构使用信息的保密性。

2004年12月，IOSCO发布了《信用评级机构的基本行为准则》（*The Code of Conduct Fundamentals for Credit Rating Agencies*，以下简称《基本行为准则》），搭建了较为统一的框架，具有可操作性。《基本行为准则》对《声明》进行了细化补充，其内容主要包括三个部分：评级过程的质量和公正性、信用评级机构工作的独立性及避免利益冲突、信用评级机构对公众投资者和发行人承担的责任。《基本行为准则》对政府监管、非政府法定的监管机构开展监管、行业规范，以及评级机构构建内部政策和程序等方面都具有指导价值。欧盟委员会认为IOSCO的规范在提高公正性和透明度方面已经提出了较为全面的要求，因此，采用IOSCO制定的法规来实现对评级机构的监管。

2005年，欧盟委员会在安然等公司丑闻事件后对评级行业的监管立法进行评估后，最终采纳欧盟证券监管委员会（Committee of European Securities Regulators，CESR）的技术性建议，发布公告给出不对信用评级行业监管立法的三条理由：已有三条欧盟指令间接监管信用评级机构，即市场滥用指令（Market Abuse Directive，MAD）、资本要求指令（Capital Requirement Directive，CRD）和金融工具市场指令（MiFID）；已有IOSCO于2004年12月发布的《基本行为准则》；已有基于《基本行为准则》的各部门自律监管。

不仅如此，这段时间的欧洲金融监管机构对信用评级结果有较大的依赖，具体表现在将信用评级结果作为固定收益市场的准入条件、作为金融机构审慎监管的工具和作为监管机构制定风险承担规则的依据等[①]。

2. 次贷危机后

2007 年金融危机后，为降低对三大评级机构的依赖，欧盟积极扶植本土评级机构发展，涌现出一批新的本土评级机构。次贷危机中，信用评级机构的表现欠佳，国际三大信用评级机构在危机前维持大量次级贷款产品的 AAA 级别引起了投资者和监管机构的强烈不满和质疑，市场普遍认为需要加强评级机构利益冲突管理、提高评级质量，同时监管部门还意识到信用评级结果被投资者和监管机构严重依赖，需要减少对外部评级结果的依赖、弱化监管机构认证角色、加强监督角色。欧盟政府提出明确抗议，并提出要建立欧洲自己的信用评级机构。

在此背景下，2008 年 IOSCO 修订了《基本行为准则》，对评级机构的行为准则进行了相关规定，包括强化评级程序质量、保障评级的后续监督和及时性、禁止分析师参与结构证券设计、增加公开披露频率、定期检查薪资政策、将结构融资评级与其他种类进行区分等一系列措施。为了避免跨国监管的割裂，IOSCO 提议使用《基本行为准则》作为评级机构监管的模板，并开发了一个模型检测模块以方便检

---

① 徐文鸣，朱如意. 信用评级监管依赖的得与失 [J]. 财经法学，2018（4）：79-80。

查人员检查。

2009年4月，在G20伦敦峰会上发布了《加强金融系统的宣言》（*The Declaration on Strengthening the Financial System*），G20集团领导人同意评级结果用于监管目的的信用评级机构应当被纳入包括注册所在地监督机制下，其行为应保持与《基本行为准则》一致。同时，也同意通过国内监管当局实施该准则（国际证监会组织扮演协调角色），评级机构应当区分结构产品评级并增加披露。最后，G20要求巴塞尔委员会检查审慎监管中外部评级的角色并识别出那些需要处理的负面动机。《基本行为准则》得到了G20的认同，并且逐步成为全球评级机构和评级监管的基准标准。2009年11月17日，欧盟委员会颁布了《欧盟信用评级机构监管条例》[CRAI(EC)No1060/2009]，首次针对信用评级机构以条例（Regulation）形式进行立法，并于同年12月7日在欧盟正式实施。从法律层级来看，条例层级高于指令，发布后立即生效，无须经过各成员国以该国法律法规形式予以落实。条例的核心内容包括：信用评级机构不允许提供咨询服务；如果未能掌握足够信息，信用评级机构不能对金融产品进行评级；信用评级机构需对评级模型、方法和关键假设进行披露；信用评级机构需对复杂金融产品评级进行特别标记；信用评级机构需每年发布透明度报告；信用评级机构必须有对评估质量的内部评估机制；信用评级机构董事会必须包含至少两名独立董事，其薪酬待遇不得与机构商业表现挂钩。

此外，2009年9月，欧盟委员会采纳加强立法监管的建议，包括建立欧洲系统性风险委员会（European Systemic Risk Board，ESRB）以加强宏观审慎监管和建立欧洲金融监管体系（European

System of Financial Superrisors，ESFS）以加强微观审慎监管。其中，ESFS 由三大监管机构组成，包括欧洲银行管理局（European Banking Authority，EBA）、欧洲保险和职业养老管理局（European Insurance and Occupational Pensions Authority，EIOPA）和欧洲证券和市场管理局（European Securities and Markets Authority，ESMA）。随后 ESMA 经由欧洲议会和欧盟理事会 1095/2010 号条例批准，于 2010 年 6 月成立，专门负责监管信用评级机构，其职能包括信用评级机构的注册认证和监管等。在注册认证方面，信用评级机构必须满足相关法律法规和行为操守，确保评级的独立性和公正性，并不断提升其评级质量，才能满足 ESMA 注册条件。同时，若第三国对信用评级机构的法律和监管框架符合欧盟要求，也可通过认证方式进入欧盟信用评级市场。欧盟已先后认可日本、美国等国家信用评级机构的法律和监管框架。在监管职能方面，ESMA 拥有欧盟内部信用评级机构独家监管权。由于信用评级机构遍布整个欧洲，之前各成员国无法对信用评级机构进行有效监管。根据欧洲议会和欧盟理事会 513/2011 号条例，ESMA 具有全面调查权，包括调阅资料和数据、传唤相关人士和现场检查等权力。同时，ESMA 还具有处罚权。如果信用评级机构违反监管条例，ESMA 有权向信用评级机构处以不高于其营业额 20% 的罚款，若该信用评级机构因违反规定直接或间接获得相关利益，罚款金额至少为其非法所得金额。根据信用评级机构的违法程度，ESMA 可采取的监管措施包括发布违法公告、中止评级发布、吊销注册牌照等。

ESMA 成立后，欧盟修订了 2009 年的监管条例，指定 ESMA 作为欧洲证券市场监管信用评级机构的专职权威机构，其承担的职责包括注册、审批、标准制定及持续的监督和执法。

2011年，为解决投资部门的市场纪律失效问题，欧盟再次对监管机制进行改革，在修订原法规后颁布了新的《信用评级机构监管条例》[CRAII(EU)No513/2011]，强化了强制性信息披露要求方面的规定。

3.欧洲债务危机后

在随后爆发的欧洲债务危机中，信用评级机构评级结果的不客观、不准确又再次引起市场的指责与监管的质疑，在此背景下，2013年5月，欧盟再次修订了《信用评级机构监管条例》[CRA III (EU) No462/2013]，从市场竞争、利益冲突、信息披露、评级机构民事责任等方面进行详细规定，要求进一步减少对评级的依赖，强化信用评级机构的民事责任，促进市场竞争并减少利益冲突，提高结构性产品评级的质量，进一步强化信息披露要求，在欧洲信用评级平台上公开信用评级的相关信息等。

国际三大评级巨头的寡头垄断地位，及其近百年的执业经验和数据累积，在一定程度上制约了新的评级机构进入市场。因此，CRA III中多条规定旨在加强信用评级机构之间的行业竞争，以此提高信用评级质量。

例如，对于结构性金融产品，CRA III第8c条引入了双评级要求。此外，根据第8d条规定，如果同一发行人或实体使用多个评级机构发布的信用评级，发行人或相关第三方应在特定条件下，考虑至少委托一个小型评级机构参与信用评级发布。另外，鉴于结构性金融产品的复杂性，在发行人付费的模式下，结构性金融产品发行人至少应委托两家不同的评级机构。

CRA III中的相关规定也旨在打破国际信用评级垄断，培育小型信用评级机构。一是引入强制轮换机制，要求发行人每四年更换一次评级机构，但该规则不适用于小型评级机构。二是鼓励发行人聘请小型信用评级机构，发行人应至少委托一家市场占有率不高于10%的小型评级机构。三是非欧盟评级机构必须在欧盟设立子公司并注册，才能使评级结果为欧盟所认可并使用；欧盟境外发布的评级只有经过在欧盟设立并注册的评级机构认可后，才能被欧盟金融机构使用，增强公众对注册评级机构评级能力信心，帮助新机构和中小评级机构扩大评级活动范围。

三、其他国家与地区信用评级行业的发展

（一）日本评级行业发展概览

日本是亚洲最早设立信用评级机构的国家，相较于亚洲其他国家，日本的信用评级行业起步较早，至今已有40余年的历史。日本财政部（大藏省）于1977年开始引入信用评级，1984年，日本大藏省与金融机构合作举办的有关公司债券的研讨会，提出了成立专业信用评级机构的建议。随后，在日本开始出现作为独立法人的评级机构。

1985 年，日本信用评级机构（Japan Credit Rating Agency，JCR）、日本投资者服务株式会社（NipponInvestors Service Inc.，NIS）、日本债券研究所（Japan Bond Research Institute，JBRI）相继成立，同年，穆迪和标普在日本设立了办事处。1998 年，NIS 和 JBRI 合并成立了评级投资信息中心（Rating and Investment Information，R&I）。

1987 年，日本财政部在债券发行合格标准的基础上增加了新的条款，正式将信用评级列为发债标准，同时实行指定评级机构制度（Design Rating Agency，DRA），指定评级机构的评级结果被财政部所承认。日本将 DRA 机构评级结果用于资本需求监管，包括用于银行资本充足率监管、证券公司资本充足率监管和保险公司偿付能力充足率的监管。同年 7 月开始授予指定评级机构（Designated Rating Agencies，DRAs）的认证，首批确认的 DRAs 包括 3 家本土评级机构 JCR、NIS、JBRI，以及标准普尔、穆迪、惠誉 3 家国际评级机构[①]，并允许评级机构收取服务费。至此，日本国内的债券评级业务正式开始了商业化运营。

与欧洲国家不同的是，日本监管部门有意识地制定政策，扶持和培育本土评级机构。1989 年，在日本财政部的牵头下，其国内的双评级制度被正式规范化。日本监管机构要求企业债券发行人可以委托国外评级机构评级，但必须有一家本国评级机构进行评级；可转换公司债和附认股证公司债券须经两家或以上指定评级机构评级才能发行。虽然目前监管机构已不再强制推行双评级制度，但是该制度确保了本

---

① R&I 与 JCR 均于 2007 年获得 SEC 的 NRSROs 资格。

土机构与三大国际评级机构分庭抗礼，在防止外资机构垄断日本评级市场、提升本土机构市场认可度方面发挥了较大作用。

2008 年，全球金融危机的爆发使得加强对信用评级机构的监管成为共识，日本金融厅也在 2008 年后加强了对信用评级机构的引导和监管，于 2009 年 6 月发布了《金融工具和交易法案（修订案）》，并于 2010 年出台《信用评级机构监管指引》（以下简称《指引》），从公司治理、行政管理流程等方面对信用评级机构提出了要求。该《指引》提出如下要求：①评级机构应建立科学的公司治理；②规范信用评级业务（包括建立运营控制系统、禁止行为和监管方法）；③行政管理流程（包括信用评级机构的注册、通知和档案管理）。此外，《指引》第三章治理部分还提到，信用评级机构为更好履行其在金融和资本市场的职能，应努力提高自身对法律的遵循和加强内部控制制度以保护投资者利益。在董事会职责方面，《指引》提到信用评级机构遵循日本金融厅发布的《金融工具业务经营者监管指引》，其中规定董事会除一般职责外，还应监督企业的法律合规情况和内部控制管理情况，同时还应建立适当的内部审计机制以保证内部控制和管理的有效性。

2010 年 10 月，日本完成了《金融商品交易法》有关条文的修改工作，开始实行信用评级行业注册制度。目前，日本注册的信用评级机构一共有 7 家，其中有 5 家都是三大评级机构设立的分支机构，日本本土信用评级机构中占有市场份额最大的为 R&I 和 JCR 两家。

(二) 韩国信用评级行业发展概览

韩国是继日本之后第二个发展信用评级行业的亚洲国家。与前面美国、欧盟等信用评级行业主要受市场需求增加不断发展的情况不同，韩国的信用评级行业是在政府大力推动资本市场发展的条件下发展起来的。

20 世纪 80 年代，随着韩国商业票据市场的发展，韩国政府借鉴海外市场成熟经验，开始推进信用评级机构的建立，以完善国内资本市场体系。1985 年，韩国监管机构规定信用等级达到 B 级以上的企业才能发行债券，并以此作为发债"门槛"。在政策扶持下，韩国信用评级机构陆续成立。1986 年，韩国开启了公司债市场，但由于当时韩国公司债市场存在强制担保，信用评级机构揭示信用风险的实质性作用并未被市场所认识，市场自发的评级需求仍然不够旺盛。1994 年，韩国监管机构开始使用双评级制度，进一步推动了信用评级行业的发展。

1997 年，亚洲金融危机的爆发为信用评级行业的发展带来了新的契机。在亚洲金融危机中，许多大企业陷入经营困境，投资者的风险意识提升，逐渐认识到利用信用评级管理风险的重要价值，市场对信用评级结果的需求日益强烈。此外，金融机构受危机影响担保能力不足，因此危机后韩国政府取消了强制担保要求，无担保公司债券发行量迅速扩大。韩国政府同时规定所有无担保公开发行公司债券，必须取得至少两家信用评级机构的评级，并且评级需达到 A 级以上。在债券发行中引入评级结果及双评级制度的共同推动下，韩国评级机构的作用得以充分发挥，评级行业发展步伐有所加快。随后，韩国政府将需要信用评级的债券产品范围不断扩大至金融债、银行债、担保机构，以及资产支持证券等，韩国评级行业得到进一步的发展。在信用评级监管方面，亚洲金融危机爆发后，韩国随即对其金融监管体制进行了大幅度的调整和机构改革，将金融监管职能从财经部和韩国银行分离出来，集中于直属国务院的金融监督委员会（Financial Supervisory Commission，FSC）。FSC下设金融监督院（Financial Supervisory Sevice，FSS），负责对金融机构进行监管，这也包括信用评级机构在内，其监管侧重于保持外部评级的公允性。

2008年全球金融危机爆发之后，韩国政府也加强了对信用评级行业的监管。韩国于2010年5月对《信用信息使用及保护法》进行了修订，细化了评级机构的执业要求。同时，根据2008年初实施的《新巴塞尔协议》要求，银行可以通过内部评级法和运用合规的外部评级机构评定等级的标准法来测定信用风险。在韩国的大小商业银行中只有国民银行和新韩银行两家被许可使用内部评级法，其余采用标准法的银行，则被要求运用外部评级机构。FSS通过严格导入标准和制定合格的外部评级机构来限制评级结果的使用。在推进双评级制度方面，2009年发布的《证券承销业务法规》明确规定由承销商承销发行的无担保债券必须由两家评级机构（须根据《信用信息使用和保护法案》注册）进行评级，外国公司发行韩元债券也必须取得两家以上信用评级机构的评级。这一法案的出台降低了韩国对三大评级机构的依赖程度，同时也进一步扩大了韩国信用评级业务的规模，促进韩国信用评级行业的发展。目前，韩国主要的评级机构有四家，分别为韩国投资者服务公司、韩国评级公司、国家信息与信用评价公司，以及首尔资信评估信息公司。其中，前三者均由金融机构发起创立。

韩国投资者服务公司作为韩国早期评级机构，最初由 70 家非银行金融机构于 1985 年出资设立，于 2016 年被穆迪完全控股，其遵守国际 IOSCO 标准，2007 年 7 月，被韩国金融监管局正式认定为符合全球标准的信用评估机构。韩国评级公司的前身是由韩国发展银行创立于 1983 年的韩国管理咨询公司，1987 年开始开展信用评级业务，后被惠誉增持成为其控股子公司。国家信息与信用评价公司由 15 家大型金融机构于 1986 年投资 1 亿韩元创立，也是目前韩国唯一一家没有外资背景的评级机构。首尔资信评估信息公司的前身是成立于 1999 年的首尔信用研究公司，起初从事信用信息和债务托收业务，1999 年获得信用评级业务执照并在韩国证券交易所上市，2000 年获准从事 ABS 和 CP 的评级业务，同年更名为现用名。

（三）印度信用评级行业发展概览

印度的第一家信用评级机构为 1987 年成立的 CRISIL（后被标准普尔完全控制）；1991 年，ICRA 成立（后被穆迪控制）；1993 年，CARE 成立。印度收入排名前三的评级机构中有两家被三大评级机构控股。

印度信用评级的主要监管机构是印度证券交易局，1988 年，印度储备银行要求商业票据发行进行信用评级；1992 年，印度证券交易局强制特定种类债务和其他债务工具进行信用评级；1994 年 6 月，印度储备银行要求非银行金融机构要取得评级。除对特定工具进行评级外，财政部已向企业发出通报强化其债务工具评级意识。

亚洲部分国家信用评级主要监管机构及规定如表 2-1 所示。

表 2-1 亚洲部分国家信用评级主要监管机构及规定

国家	主要监管部门	主要监管法案
日本	日本金融服务局	《金融工具与交易法案》
韩国	韩国金融委员会	《信息使用和保护法案》
印度	印度证券交易局	《信用评级机构监管规则》

资料来源：各国监管网站。

第二篇

中国信用评级行业的产生与发展历程

第三章　中国债券市场的产生与发展历程

信用是现代市场经济良好运行的重要保证，作为债券市场重要的基础性制度安排，信用评级在引导债券发行定价、预警信用风险、优化资源配置、支持实体经济发展等方面具有重要作用和战略意义。与国际市场先有信用评级机构、后有债券市场的发展路径不同，中国信用评级行业的诞生依托于国内债券市场的繁荣发展，我国债券市场的飞速发展为信用评级行业的产生和蓬勃发展提供了必要的土壤和现实条件。

一、萌芽期（1949—1986 年）

我国债券市场初创时市场整体处于探索阶段，发行风格较为保守，主要以折实公债和国库券的发行为主。中华人民共和国成立之后，为了快速恢复和发展国民经济，1949 年 12 月 2 日，中央人民政府委员会第四次会议通过《关于发行人民胜利折实公债的决定》，决定于 1950 年发行"人民胜利折实公债"。1950 年 1 月，我国中央政府成功发行了中华人民共和国的第一笔国债——"人民胜利折实公债"。1954 年，中央政府发行了"国家经济建设公债"，到 1958 年共发行了 5 次。我国早期的国债发行，是以解决财政赤字、恢复经济或治理通货膨胀为目标的。1968年，我国偿还了最后一批到期的国内公债后，进入了"既无内债，又无外债"的时期，直到1979年12月，我国政府同意接受外国政府提供的贷款，这一政策才被打破。因此，从1959年至1980年，我国没有发行任何国债。

1978年12月，中共十一届三中全会召开，做出了把党和国家的工作重心转移到经济建设上来的重大决策，这成为中国经济发展史的重大转折点。1981年1月28日，国务院颁布《中华人民共和国国库券条例》[①]，规定国库券主要向国有企业、集体所有制企业、企业主管部门和地方政府分配发行。机关、团体、部队、事业单位和农村富裕的社队，可以适当认购，个人也可以自愿认购。国库券的发行目的是调整与稳定国民经济，适当集中各方面的财力，进行社会主义现代化建设，逐步提高人民的物质和文化生活水平。

1981年，我国政府发行国库券不超50亿元。当时，中央政府认为必须用中央银行融资以外的方式来最大限度地降低预算赤字对通货膨胀的影响。从1982年开始，少量企业开始自发地向社会或企业内部集资，这一阶段的集资行为既没有政府审批，又没有相应的法律法规制约，这一阶段成为企业债券的萌芽阶段。此外，当时所有债券都不允许公开转让，只有通过非公开交易才能实现流通变现目的。1985年，中国工商银行、中国农业银行和非银行金融机构如信托投资公司发行了金融债券。

---

① 该条例已于2008年3月废止。2011年1月8日，国务院对《中华人民共和国国库券条例》进行修订后发布，其中规定国库券的发行对象是居民个人、个体工商户、企业、事业单位、机关、社会团体和其他组织。募集资金用于进行社会主义现代化建设。

1986年，中国人民银行逐步加强了管制，要求发行企业债券必须通过中央银行批准。同年，沈阳率先形成了官方批准的柜台交易市场，允许企业债券公开交易，这成为我国债券流通市场的开端。1988年初，7个城市的金融机构柜台进行了国债流通的试点，随后财政部在全国61个城市进行了国债流通转让的试点。我国债券市场萌芽期发展历程如图3-1所示。

- 1985年：中国工商银行、中国农业银行和非银行金融机构如信托投资公司发行了金融债券。
- 1981年：中央人民政府发行了48.66亿元的国库券。
- 1981年1月：国务院颁布《中华人民共和国国库券条例》。
- 1978年12月：中共十一届三中全会召开，做出了把党和国家的工作重心转移到经济建设上来的重大决策，成为中国经济发展史的重大转折点。
- 1959年：进入"既无内债，又无外债"时期。
- 1958年："国家经济建设公债"共发行了5次。
- 1954年：中央人民政府发行了"国家经济建设公债"。
- 1950年1月：中央人民政府发行了"人民胜利折实公债"。

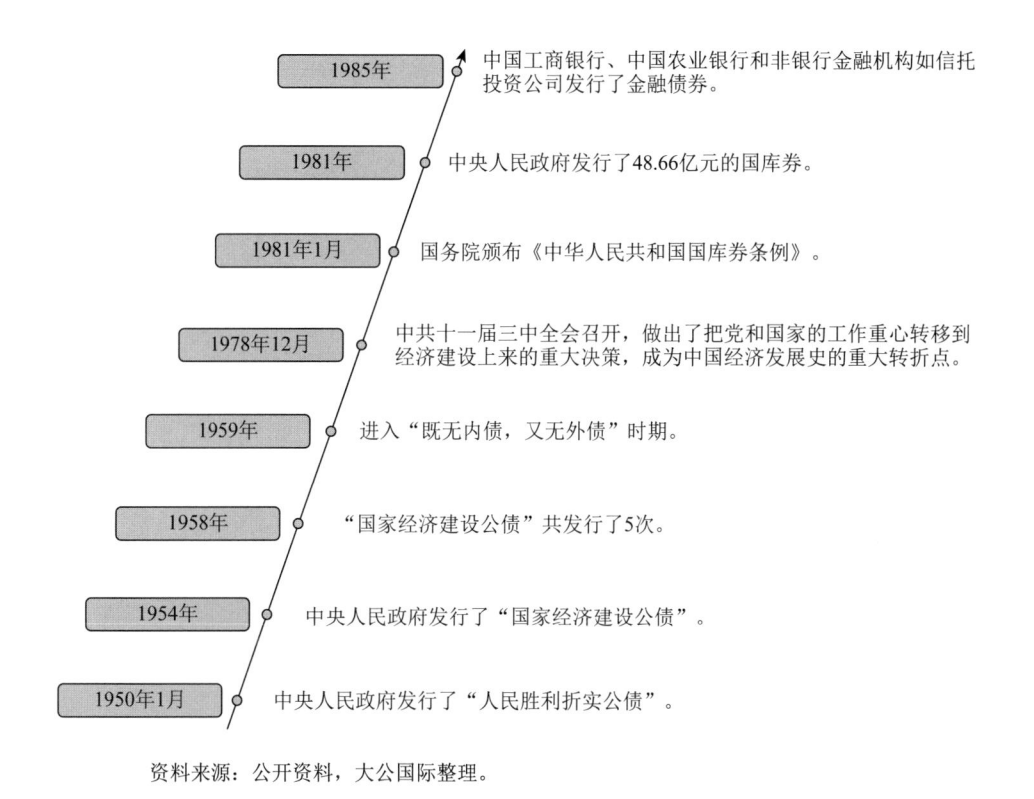

资料来源：公开资料，大公国际整理。

图 3-1 我国债券市场萌芽期

据 Wind 数据显示，我国国债始发于 1981 年，至今每年都发行，且发行量整体呈显著增长趋势，经过 40 余年的蓬勃发展，我国国债发行量已达到万亿元规模。其中，1987 年的国债发行规模首次突破百亿元，1994 年的发行规模首次突破千亿元。2007 年的发行规模首次突破万亿元，达到 23483.44 亿元，同比增长 164.35%，增幅在历年中居首位。2009 年至今，每年的发行规模均在万亿元以上，2023 年我国国债的总发行规模已达 111010.4 亿元，同比增长 14.18%，发行规模创历史新高。我国国债发行走势如图 3-2 所示。

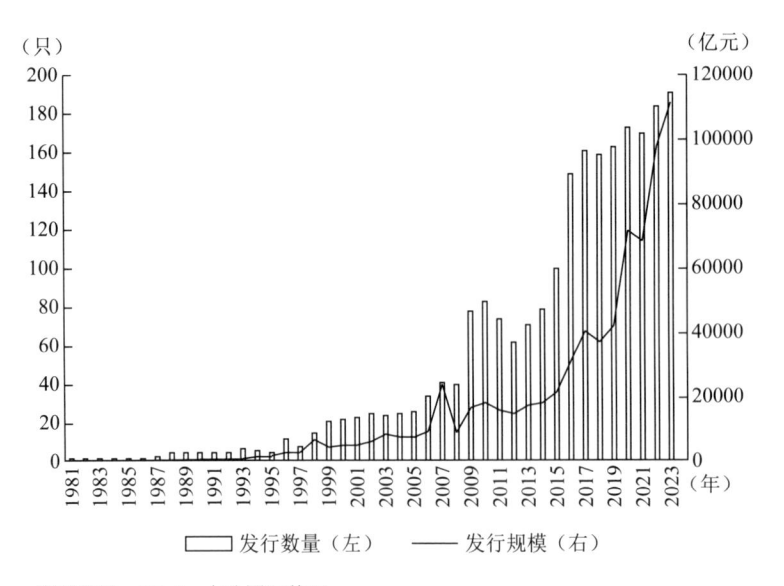

资料来源：Wind，大公国际整理。

图 3-2　我国国债发行走势

二、初步发展期（1987—2001年）

改革开放以来，随着我国市场经济的不断发展，工商类企业的融资需求逐渐增加，中国人民银行积极响应企业合理融资需求，制定了企业债发行相关管理办法，这标志着我国债券市场参与主体由政府扩大到市场，由公债到企业债的重大转变，为后续我国建立多层次的债券市场奠定了基础。1987年2月17日，中国人民银行发布《关于发行企业短期融资券有关问题的通知》（以下简称《通知》），规定企业发行短期融资券，必须经中国人民银行审批。《通知》使企业短期融资券从上海遍布到全国，并对促进资金横向融通、解决企业流动资金短缺的问题发挥了积极作用。受《通知》精神的影响，后来几年企业短期融资券发行规模增长明显，并于1992年达到了峰值。但随后市场上出现了乱拆借、乱提高利率和乱集资的现象，且超规模发行债券的现象严重，部分企业短期融资券不能按期兑付的风险逐渐显露。1997年，中国人民银行未再审批企业短期融资券的发行，企业短期融资券暂时退出市场。

1987年3月27日，国务院颁布实施了《企业债券管理暂行条例》[①]（以下简称《条例》）。这是我国第一次制定全国企业债券的发行规则，标志着企业债券规范的开始。《条例》的主要内容有：一是严格限制发债主体，只能是"中国境内具有法人资格的全民所有制企业"；二是坚持市场化原则，要求"发行和购买企业债券应当遵循自

---

① 2011年1月8日，《企业债券管理条例》公布，《企业债券管理暂行条例》失效。

愿、互利和有偿的原则,禁止以摊派方式发行企业债券";三是实行中国人民银行的统一管理,"企业发行债券必须经中国人民银行批准";四是限定发行条件,发行面额"不得大于该企业的自有资产净值","债券的票面利率不得高于银行相同期限居民储蓄定期存款利率的40%",严禁用发行债券搞计划外的固定资产投资;五是实现额度控制,"中国人民银行会同国家计划、财政等部门拟定全国企业债券发行的年控制额度"。《条例》为我国企业债券发行规模的增长提供了政策支撑。同时,《条例》加强了对企业债券的管理,引导了资金的合理流向,使社会闲散资金得以有效利用,保证了国家重点建设,也保护了各方合法权益。

据 Wind 数据显示,我国在 1994 年发行了第一只企业债,发行规模为 1 亿元,1995 年未发行企业债,自 1996 年至今每年均发行,其中于 2012 年至 2016 年达到发行高峰,此后有所下降。从同比增幅来看,1998 年的发行数量和规模分别增长 383.33% 和 231.22%,均居历年之首。1999 年,企业债发行规模首次突破百亿元。2007 年,企业债发行规模首次突破千亿元,此后各年度的发行规模均在千亿元以上。其中,2014 年共发行 584 只企业债,共募集资金 6971.98 亿元,发行数量和规模均居历年首位。经过 30 年的发展,2023 年企业债的发行规模为 2007.08 亿元,虽然相较历史最高值而言下降明显,但发行规模仍然可观。我国企业债发行走势如图 3-3 所示。

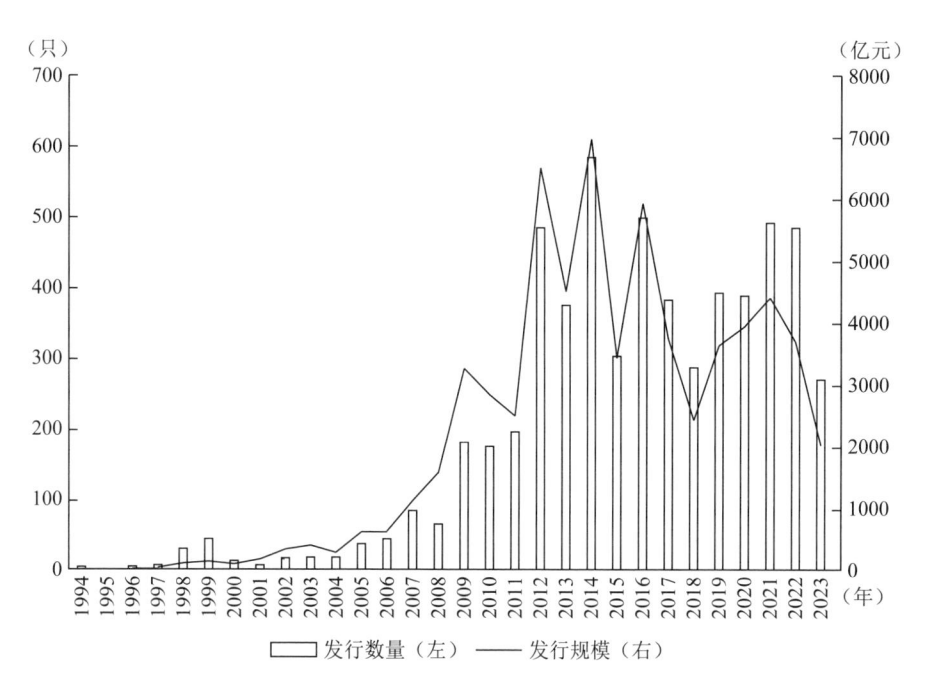

资料来源：Wind，大公国际整理。

图 3-3　我国企业债发行走势

初步发展时期，我国债券市场品种以国债和企业债为主，发行目的主要是弥补财政赤字和筹集建设资金，发行主体主要以财政部为主，而企业债券发行需要中国人民银行核准及银行担保，故其实质上仍是公债性质。这一阶段，我国债券发行市场的层次不断丰富，经历了"交易商市场—两市分立（银行间市场、交易商市场）—市场互联互通"的发展变化，市场结构不断优化。整体来说，在债券市场的初步发展时期，我国对国债和企业债的发行进行了初步探索，并初步形成了功能齐全、层次丰富、结构完善的全国统一的债券市场体系，我国债券市场初步发展期如图 3-4 所示。

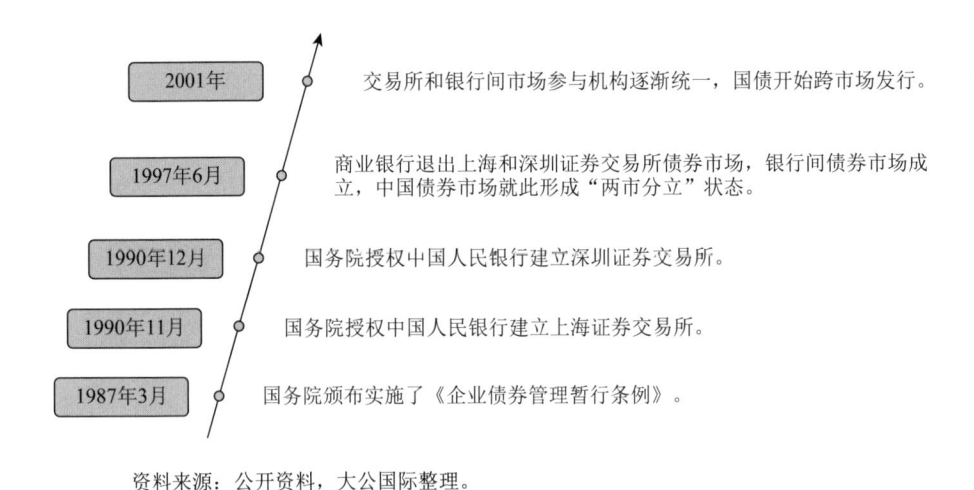

2001年	交易所和银行间市场参与机构逐渐统一，国债开始跨市场发行。
1997年6月	商业银行退出上海和深圳证券交易所债券市场，银行间债券市场成立，中国债券市场就此形成"两市分立"状态。
1990年12月	国务院授权中国人民银行建立深圳证券交易所。
1990年11月	国务院授权中国人民银行建立上海证券交易所。
1987年3月	国务院颁布实施了《企业债券管理暂行条例》。

资料来源：公开资料，大公国际整理。

图 3-4　我国债券市场初步发展期

三、高速发展期（2002—2016 年）

进入 21 世纪，我国已初步形成基础设施较为健全、功能体系不断完善、运行整体稳健的债券市场。在此基础上，我国债券市场品种和市场参与主体不断丰富、债券发行规模快速扩容、境外机构投资者积极入市，开启了我国债券市场加速对外开放、品种创新、高速发展的新时代。这一时期，信用债市场逐步完善，短期融资券、中期票据、资产支持证券、定向工具、公司债、地方政府债等新品种陆续公开发行，境外投资者开始进入中国债券市场，债券市场间互联互通机制不断完善，我国债券市场迎来高速发展期。

2005年4月20日，中国人民银行、中国银行业监督管理委员会[①]发布了《信贷资产证券化试点管理办法》（以下简称《办法》），用以规范信贷资产证券化试点工作，保护投资人及相关当事人的合法权益，提高信贷资产的流动性，丰富证券品种。《办法》对资产支持证券的发行与交易、信息披露、资产支持证券持有人的权利及其行使、相关机构进行了详尽的规定，弥补了我国在资产证券化产品方面的法律缺失，为后来资产证券化的扩容和繁荣奠定了法律基础。据 Wind 相关数据显示，我国资产支持证券始发于2005年，发行11只，共募集资金130.74亿元。受2008年全球经济危机的影响，2009年和2010年我国未发行资产支持证券，2011年恢复发行，共发行6只，募集资金12.79亿元，发行量较小。此后到2023年的各年度中，除2020—2023年受新冠疫情的影响，发行规模同比出现小幅下降外，其他年份的发行数量和规模均同比增长，其中2012年和2014年的发行规模实现10倍以上的高速增长。2014年我国资产支持证券的发行规模首次突破千亿元。2017年首次突破万亿元。经过19年的发展，尤其是近年来新型底层资产的不断产生，2023年共发行4782只资产支持证券，共募集资金18725.49亿元，发行数量和规模均达到历史高位。我国资产支持证券发行走势如图3-5所示。

---

① 于2018年3月撤销。

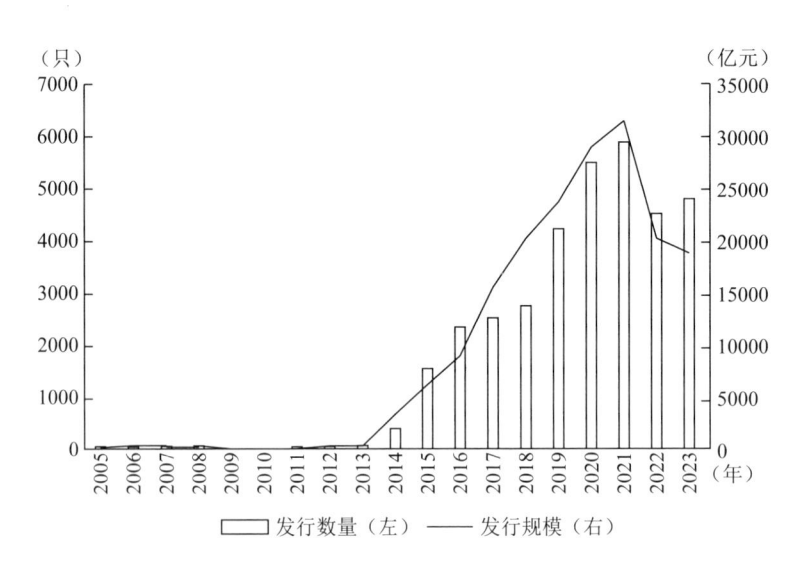

图 3-5　我国资产支持证券发行走势

2005年5月9日，中国人民银行发布《短期融资券管理办法》（以下简称《办法》）[①]，从发行、登记、托管、交易、结算、兑付、信息披露、监督管理等方面对短期融资券进行了规定。《办法》为随后几年短期融资券发行规模的大幅增长奠定了政策基础，同年，银行间市场推出短期融资券品种。据 Wind 数据显示，我国短期融资券（含超短期融资券）始发于2005年，发行79只，共募集资金1424亿元。由于具备融资成本较低、融资额较大、可有效缓解企业短期资金压力、解决企业短期资金周转问题等优点，短期融资券受到市场追捧，我国短期融资券的发行数量和规模呈稳步增长态势。从同比增幅来看，大部分年度的发行数量和规模增幅均较大，其中2006年的发行数

---

① 于2008年失效。

量和规模增幅历年最高,均实现 100% 以上的高速增长。经过 19 年的发展,2023 年短期融资券的发行数量已达到 5217 只,发行规模达到 48390.16 亿元,居于历史高位。我国(超)短期融资券发行走势如图 3-6 所示。

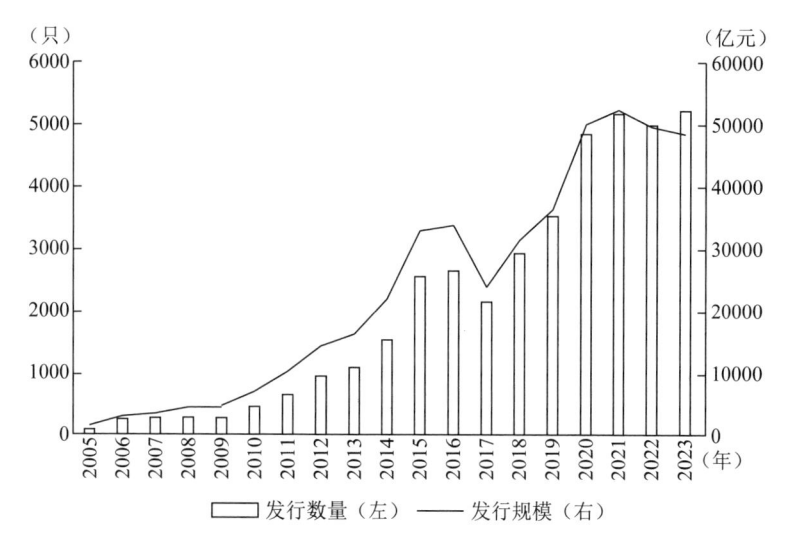

资料来源:Wind,大公国际整理。

图 3-6 我国(超)短期融资券发行走势

2008 年 4 月 16 日,中国银行间市场交易商协会发布《银行间债券市场非金融企业中期票据业务指引》[①],为随后几年中期票据发行规模的快速增长奠定了政策基础。在政策的引导下,2008 年 4 月中期票据作为新型信用债首次出现在债券市场,是继 2005 年短期融资券成功推出之后,由中国人民银行主导的银行间债券市场的另一创新性债务

---

① 于 2009 年 11 月 3 日被修订。

融资工具。据 Wind 数据显示，我国中期票据券种始发于 2008 年，共发行 41 只，共募集资金 1737 亿元。随着我国债券市场的逐步发展与成熟，企业融资渠道的拓宽，中期票据发行量整体呈增长趋势。中期票据在 2010 年、2013 年、2016 年、2017 年、2022 年和 2023 年的发行规模出现同比下降，其他年份的发行规模均增长，其中 2009 年同比增长 297.96%，增幅在历年中最高。2015 年，中期票据发行规模首次突破万亿元。经过 16 年的发展，2023 年发行 4782 只中期票据，共募集资金 18725.49 亿元，发行数量和规模均居历史高位。我国中期票据发行走势如图 3-7 所示。

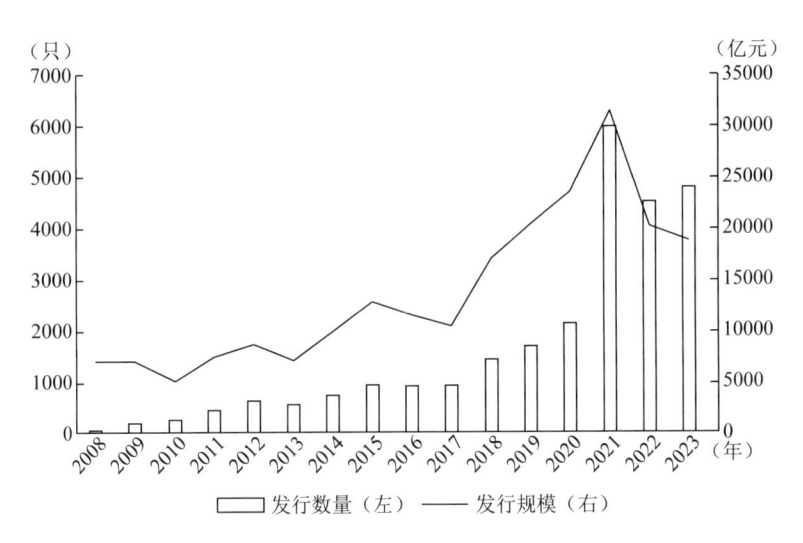

资料来源：Wind，大公国际整理。

图 3-7　我国中期票据发行走势

2011年4月29日，中国银行间市场交易商协会发布《银行间债券市场非金融企业债务融资工具非公开定向发行规则》，从注册、发行、登记、托管、流通、信息披露、自律管理与市场约束等方面对非公开定向发行非金融企业债务融资工具进行了规定，旨在推动金融市场发展，加快多层次资本市场体系建设，提高直接融资比重，拓宽非金融企业融资渠道。同年5月4日，中国银行间债券市场首批非公开定向债务融资工具（以下简称PPN）正式发行。PPN具备发行方式灵活性强、发行相对便利、信息披露要求相对简化、适合投资者个性化需求、有限度流通等特点。PPN的推出，不仅为企业提供了新的直接融资渠道，而且体现了银行间市场多维度创新能力的提升。

据Wind相关数据显示，我国定向工具券种始发于2011年，发行33只，共募集资金919亿元。2012年，发行数量和规模的同比增幅分别达到654.55%和309.06%，增幅均居历年首位。2014年，定向工具共发行1203只，共募集资金10259.66亿元，发行数量和规模均居历年首位。此后的三年定向工具发行数量和规模的同比均下降，2020年后，定向工具发行数量和规模呈现波动式增长趋势，经过13年的发展，2023年定向工具共发行1224只，共募集资金7513亿元，发行数量和规模可观。我国定向工具发行走势如图3-8所示。

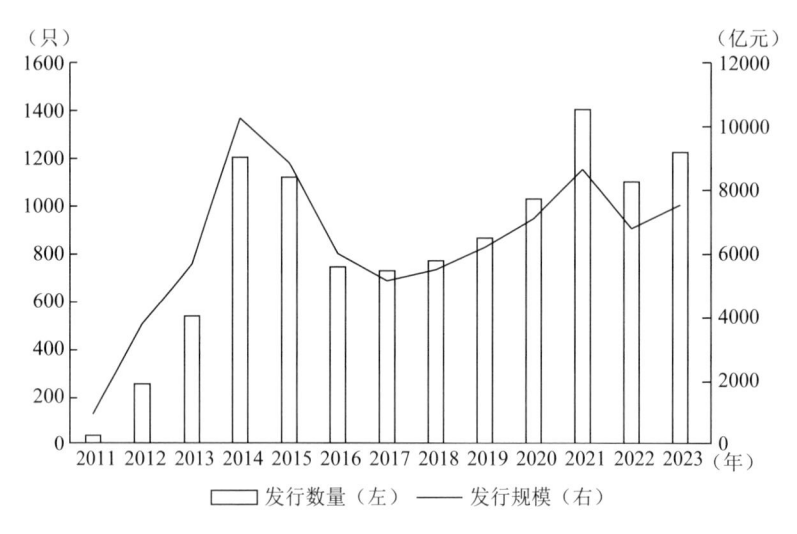

资料来源：Wind，大公国际整理。

图 3-8 我国定向工具发行走势

2015年1月，中国证券监督管理委员会发布《公司债券发行与交易管理办法》①（以下简称《办法》），将包括普通公司债、私募公司债、可转债、可交换债、金融机构附减记条款公司债等券种均纳入统一管理范围，并将发行主体由仅限于沪深证券交易所上市的公司及发行境外上市外资股的境内股份有限公司，扩大至所有公司制法人，但不包括地方政府融资平台公司。此外，《办法》中还丰富了债券发行方式，增加了债券交易场所，简化了发行审核流程，实施了投资者分类管理，加强了债券市场监管，以及强化了持有人权益保护等。公司债的改革使信用债的准入"门槛"降低，大批中小民企涌入债券市场，促使公司债发行迅猛增长。同年6月，公司债的发行量明显超过中期

---

① 2021年2月26日已修订。

票据、短期融资券等券种。

据 Wind 相关数据显示，我国公司债始发于 2007 年，当年共发行 5 只，共募集资金 112 亿元。此后到 2023 年各年度均发行，且整体呈递增趋势。2011 年，公司债发行规模首次突破千亿元，2015 年公司债扩容，发行量实现了 5 倍以上的增长速度，发行规模首次突破万亿元。2023 年，公司债共发行 4863 只，共募集资金 38553.95 亿元，发行数量和规模均达到历史最高值。我国公司债发行走势如图 3-9 所示。

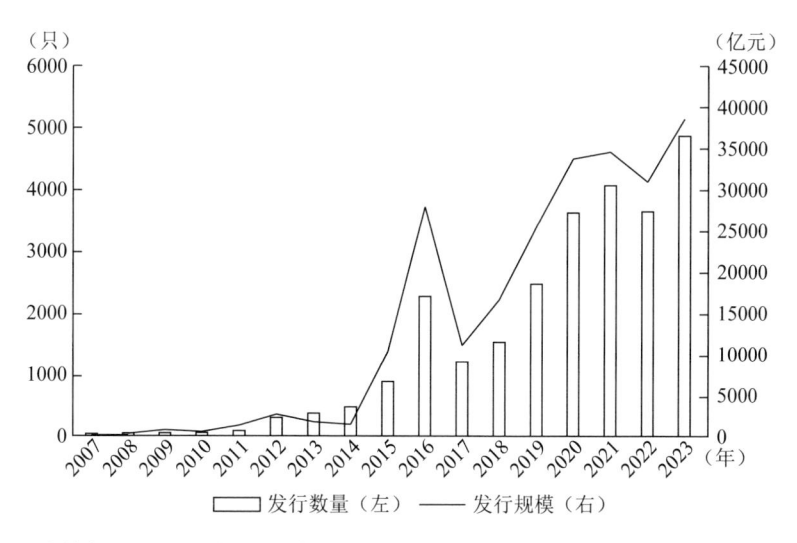

资料来源：Wind，大公国际整理。

图 3-9　我国公司债发行走势

2009 年 4 月，财政部代发了第一只地方政府债，填补了我国地方公债的空白。地方政府债的发行有利于地方政府根据自身发展规划，灵活运用筹集资金发展地区经济。地方政府拥有了自主发债的能力，这一方面有利于我国经济的全区域共同发展，另一方面使中央政府和地方政府的关系更加和谐。2015年，财政部发布《地方政府一般债券发行管理暂行办法》和《地方政府专项债券发行管理暂行办法》[①]。上述两个文件分别对一般债和专项债进行了详细的规定，并为未来几年地方政府债发行量的迅速增长奠定了政策基础。

据Wind数据显示，我国地方政府债始发于2009年，当年共发行50只，共募集资金2000亿元。2015年，由于放开地方政府自发自还地方债券，地方政府债的发行数量和规模均呈现井喷式增长。2018年至2023年，地方政府债的发行规模连年攀升，整体规模呈稳步抬升趋势，分别为41651.67亿元、43624.27亿元、64438.13亿元、74826.3亿元、73555.79亿元和93253.68亿元；同比增速分别为–4.43%、4.74%、47.71%、16.12%、–1.73%和26.78%。2020年以来，为缓解新冠疫情带来的影响，以及在经济下行压力局面下拉动经济，政府设定了高于往年的专项债限额，地方政府债的发行数量和规模大幅攀升，均达到历史最高值。我国地方政府债发行走势如图3-10所示。

---

① 于2020年12月18日失效。

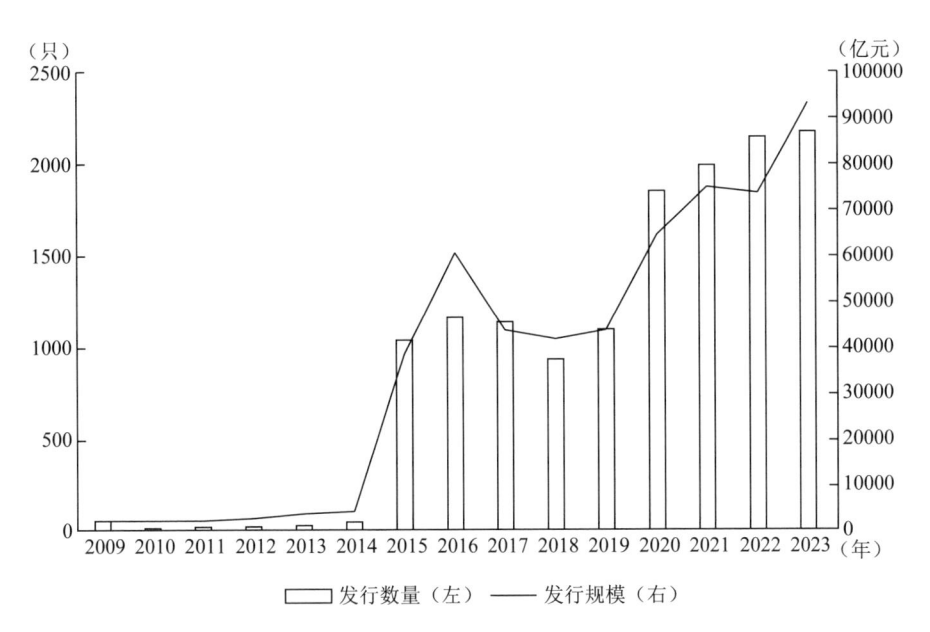

资料来源：Wind，大公国际整理。

图 3-10　我国地方政府债发行走势

高速发展期，我国债券市场加快了对外开放的步伐，市场参与主体持续丰富，中国债券市场的发展开始逐步吸引国际投资者的目光。2005 年，中国人民银行批准两只外资基金——泛亚基金和亚债中国基金进入银行间债券市场，并分别给予 1.8 亿美元和 1.2 亿美元等值人民币的交易额度，这是中国债券市场首次引入外资机构发行主体，也是中国债券市场对外开放的重要举措和有益尝试。2015 年，中国人民银行进一步放开相关境外机构进入银行间债券市场的管制，审批制改为备案制，投资额度放开，交易品种也相应拓宽，并允许境外机构自主选择结算代理人为其代理交易和结算，境外投资者参与市场的深度和灵活性得以提高。2016 年，中国人民银行发布公告指出要引入更多符合条件的境外机构，并取消额度限制，简化管理流程。国际债券的发行，一是弥补了我国政府的财政赤字；二是弥补了我国政府国际收支的逆差；三是为我国大型或特大型工程建设资金的筹集提供了便利；四是为一些大型工商企业或跨国公司增加经营资本筹措了资金，增强了实力；五是为一些主要的国际金融组织等筹措了活动资金。此外，2007年6月，中国人民银行和国家发展和改革委员会共同发布《境内金融机构赴香港特别行政区发行人民币债券管理暂行办法》[①]，拉开了香港人民币债券发行的序幕。同年7月，国家开发银行在香港成功发行了首只离岸人民币债券，共计50亿元，推动了离岸人民币债券市场发展的进程。

此外，为促进银行间市场和交易所市场的互联互通，2010年中国证券监督管理委员会、中国人民银行、中国银行业监督管理委员会联合发布《关于上市商业银行在证券交易所参与债券交易试点有关问题的通知》，标志着商业银行时隔13年之后重返交易所债券市场。上市商业银行进入交易所市场，进行在线交易市场试点，跨市场发行、交易、转托管均得到实现，两个市场的互联互通取得成效。2011年，中国证券监督管理委员会发布《关于证券投资基金投资中期票据有关问题的通知》[②]，将在银行间债券市场中发行的中期票据纳入证券投资基金的投资范围，两个市场之间的互联互通又有了新的突破。我国债券市场高速发展期如图3-11所示。

---

① 于2021年12月28日失效。
② 于2015年5月22日失效。

2015—2016年	保险公司次级债、绿色债券、专项金融债等新品种推出，地方政府自发自还债券放开。
2014年以来	商业银行同业存单、项目收益票据、并购票据、碳收益票据、非公开定向可转债融资工具、供应链票据、永续债、"三农"金融债等新券种上市。
2013年11月	资本市场双向开放。
2012年5月	中小企业私募债品种在国内正式推出。
2011年5月	中国银行间债券市场首批非公开定向债务融资工具正式发行。
2009年11月	我国第一只中小金融企业集合票据正式发行成功。
2009年4月	财政部代发我国第一只地方政府债。
2008年4月	交易商协会发布《银行间债券市场非金融企业中期票据业务指引》，银行间推出中期票据新品种，中期票据发行量迅速增长。
2005年5月	外国债券首次在我国发行。
2005年5月	中国人民银行发布《短期融资券管理办法》，银行间交易市场推出短期融资券新品种，短期融资券发行量迅速增长。

资料来源：公开资料，大公国际整理。

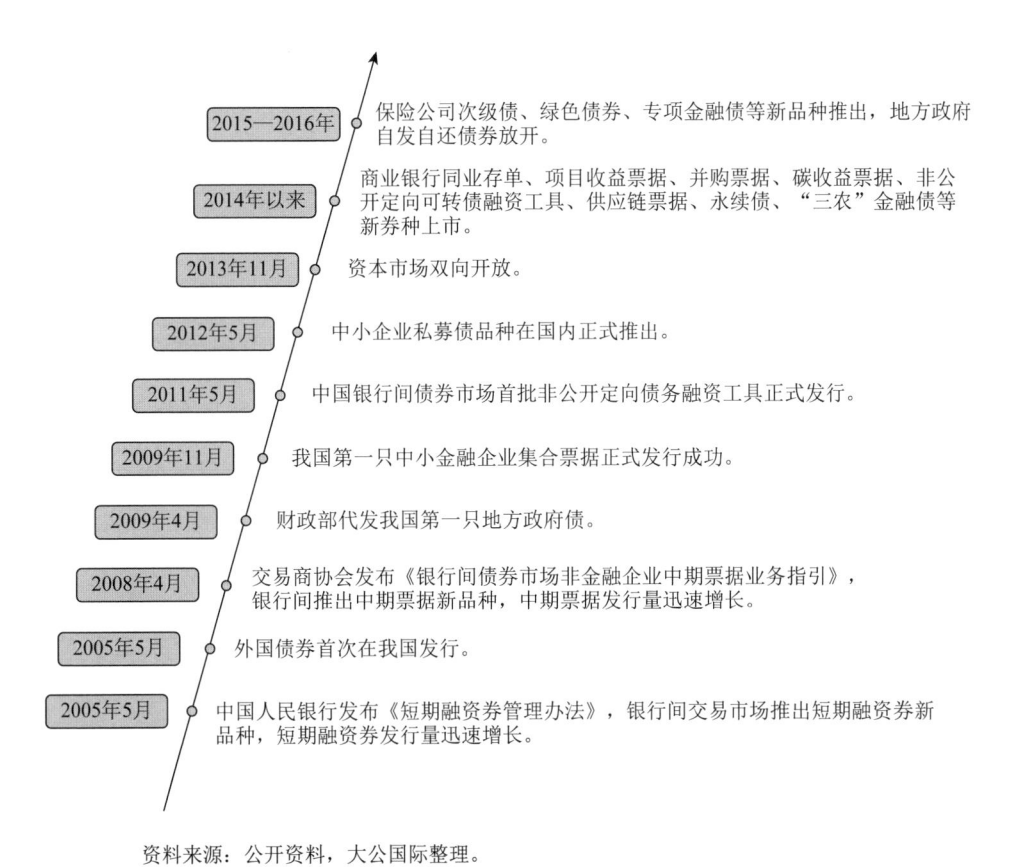

图 3-11 我国债券市场高速发展期

四、规范发展期（2017年至今）

自债券市场大幅扩容以来，我国债券市场陆续出现一系列金融乱象，违约主体数量和规模显著提升，为规避金融市场系统性风险，维护投资者利益，2016年以来，有关部门对债券市场的监管不断升级，我国债券市场进入规范发展期。近年来，中央及有关部门出台了一系列政策以加强债券市场监管，同时，近年来召开的中央经济工作会议，均把"防范化解重大风险"放在突出位置。2020年，国家发展和改革委员会发布《关于开展2021年度企业债券本息兑付风险排查和存续期监管有关工作的通知》，旨在通过加强风险隐患的摸底排查，防范化解债券市场的重大风险，牢牢守住不发生系统性金融风险的底线，进一步增强企业债券服务实体经济的能力。2021年，为推动信用评级行业市场化改革，中国人民银行决定试点取消非金融企业债务融资工具发行环节信用评级的要求，此举有利于推动信用评级行业"修炼内功"，提升债券市场风险预警的能力。2023年6月，中国证券监督管理委员会发布了《关于深化债券注册制改革的指导意见》以及《关于注册制下提高中介机构债券业务执业质量的指导意见》，标志着我国债券注册制改革的全面落地。上述一系列举措，强化了以偿债能力为重点的信息披露和投资者保护要求，畅通了违约债券出清渠道，持续完善了市场化、法治化、多元化的债券违约风险化解机制，进一步规范并健全了优胜劣汰的市场生态。

此外，我国债券市场在规范发展期不断取得了世人瞩目的、新的成就和突破。据Wind相关数据显示，2019年，中国债券市场超过日本，成为仅次于美国的全球第二大债券市场。2020年，富时罗素（FTSE Russell）公司宣布中国国债将被纳入富时世界国债指数（WGBI），这是我国债券市场迈向国际的一座重要里程碑。截至2023年11月末，中国债券市场的托管规模已经超过156.9万亿元；境外机构持有银行间市场债券共3.67万亿元，约占银行间债券市场总托管量的 2.7%；"熊猫债"累计发行 477 只，金额达 7805.9 亿元。我国债券市场规范发展期如图 3-12 所示。

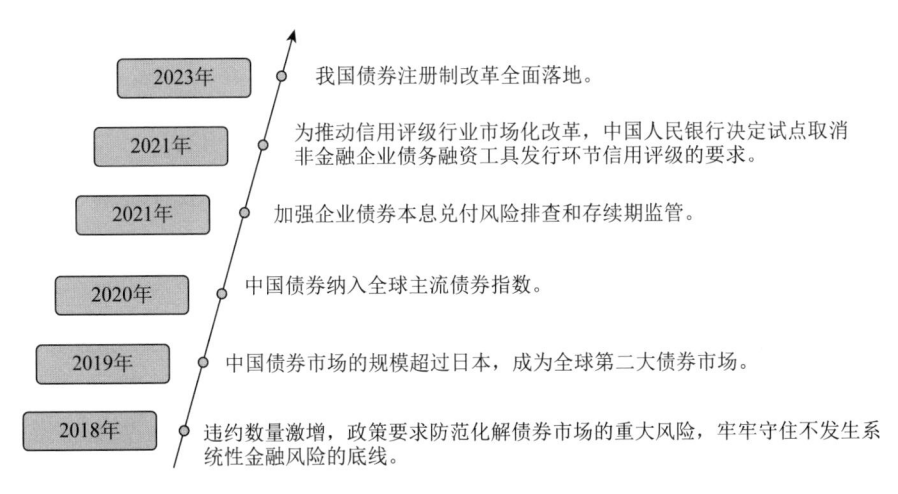

- 2023年：我国债券注册制改革全面落地。
- 2021年：为推动信用评级行业市场化改革，中国人民银行决定试点取消非金融企业债务融资工具发行环节信用评级的要求。
- 2021年：加强企业债券本息兑付风险排查和存续期监管。
- 2020年：中国债券纳入全球主流债券指数。
- 2019年：中国债券市场的规模超过日本，成为全球第二大债券市场。
- 2018年：违约数量激增，政策要求防范化解债券市场的重大风险，牢牢守住不发生系统性金融风险的底线。

资料来源：公开资料，大公国际整理。

图 3-12　我国债券市场规范发展期

第四章　中国信用评级行业的产生与发展

中国信用评级行业的产生与发展可以分为初始萌芽期、探索发展期、快速发展期、规范发展期以及高质量发展期五个阶段。总体来看，经过多年的实践，我国信用评级行业从无到有，积累了一定的评级技术和经验，形成了相对完善的评级体系，对金融市场的稳定运行发挥了重要的作用。尽管目前我国信用评级机构的公信力、国际影响力有待提升，但我国信用评级行业始终在探索中寻找规范发展的道路。近年来，随着监管措施的持续更新和加强，信用评级业务的客观性、准确性、透明性和公平性得以不断提高。

一、初始萌芽期（1987—1991年）

1949—1986年，我国债券市场处于初创期，并没有出现信用评级机构，主要原因是当时我国主要发行国债（国库券、公债），并不存在评级行业的市场需求。

（一）依附于银行系统的信用评级机构的产生

我国的信用评级业务最早开始于债券评级。中国于1986年起允许地方企业发行债券。1987年3月，国务院发布《企业债券管理暂行条例》，开始对债券进行统一管理。该文件对企业债券发行进行了详细规定，企业债券市场由此开始发展，为我国信用评级机构的产生奠定了基础。

为规范债券市场发展，中国人民银行和国家经济体制改革委员会提出发展信用评级机构，各地随之开始组建信用评级机构，其中以中国人民银行系统内组建的信用评级机构为主。

1987年，中国最早的信用评级机构——吉林省资信评估公司成立，之后各省市也纷纷成立了信用评级机构，最多时曾达90多家。1988年3月，为了防控地方性企业债发行所承担的风险，上海远东资信评估有限公司成立，这是我国第一家独立于金融系统外的信用评级机构，此后中国人民银行系统内相继成立了20多家评级机构，这些机构大多为中国人民银行各地分行的下属公司，是中国的首批信用评级公司。

此时期，我国信用评级机构均为中国人民银行以及其他银行设立的机构，由政府主导，根本上会受到一定的行政干预，市场化职能没能完全得到体现。综上，此时信用评级行业整体处于受行政因素影响大于市场化因素影响的阶段。

（二）依附于银行系统的信用评级机构的撤销

从1984年后期开始，我国国民经济出现过热现象，社会总需求与总供给的差额不断扩大，投资消费高速增长，价格总水平大幅攀升。

为应对这种情况，1988年9月，中共十三届三中全会提出"治理经济环境、整顿经济秩序、全面深化改革"的指导方针，并实行紧缩财政、紧缩信贷的"双紧"政策。"双紧"政策虽然使物价水平得到有效控制，但也导致企业缺少运营资金难以正常运转、市场疲软、资金市场萎缩、财政困难加剧等后果。同时，"双紧"政策对亏损、落后的企业实施了整顿、关停、并转等措施，为后来出台清理整顿公司的相关政策埋下了伏笔。

1989年8月17日，中共中央、国务院发布《关于进一步清理整顿公司的决定》，其中指出"各级党的机关、国家权力机关、行政机关、审判机关、检察机关和群众组织、社会团体，一律不得使用行政经费、事业费、专项拨款、预算外资金、银行贷款、自有资金和以任何方式集资开办公司，也不得向公司投资入股"。并要求在清理整顿期间，一律不得批准成立除生产型、科技开发型以外的公司。在此之上，对现存的公司实施取消减免税优待、停业、撤并等措施。

中国人民银行总行积极响应《中共中央、国务院关于进一步清理整顿公司的决定》，于1989年9月发布了《关于撤销人民银行设立的证券公司、信誉评级公司的通知》（以下简称《通知》）。《通知》明确指出人民银行分行出资设立的证券公司和信誉评级公司一律撤销，各地专业银行设立的信誉评级公司也一律撤销。至此，人民银行各分行和专业银行成立的信用评估机构开始被清理整顿，信用评级行业进入萎靡状态。

(三) 信用评级业务划归信誉评级委员会管理

信誉评级公司被撤销后，信誉评级业务交由信誉评级委员会负责。当时设有信誉评级委员会办事机构的只有西安、武汉、沈阳、云南、无锡等地，因此这些地方保留了评级业务。

1990年7月，经南宁、大连、沈阳等地的信誉评级委员会办事机构倡议，在桂林市召开了全国信誉评级委员会第一次联席会议，会议就信用评级问题展开了讨论，并决定每年召开一次联席会议。

1990年8月，中国人民银行发布了《关于设立信誉评级委员会有关问题的通知》[①]，其中就信誉评级委员会的有关归口管理、机构性质、业务范围等作出了明确规定，同时规范了银行内部信用评级的组织体系。该文件的印发解决了信用评级机构的组织问题，信用评级业务被划入信誉评级委员会的管理范畴。

二、探索发展期（1992—2000年）

(一) 政府引导下成立的独立信用评级机构

如果以信用评级机构的成立为标准，1992年可以说是我国信用评级行业发展过程中具有里程碑意义的一年，这一年，上海新世纪资

---
① 于2010年3月23日失效。

信评估投资服务有限公司、中诚信国际信用评级有限责任公司相继成立,其中后者为中国人民银行批准的第一家全国性信用评级机构。

1992年底,全国信誉评级委员会成立,信用评级进入了以组建信誉评级委员会为基本模式的阶段。1993年3月,深圳市资信评估公司成立,1994年大公国际资信评估公司在北京成立。1995年是我国信用评级机构数量快速增长的一年,各地原来附属于银行系统的信誉评级委员会先后改制为信用评级机构,但具有独立法人资格的只有20家左右。在随后的几年中,我国债券发行量仍然较少,这使信用评级机构的数量开始下降,有的评级机构开始转向企业财务顾问与咨询等业务,逐渐失去了信用评级资格。

我国初期的评级机构受中央政府政策的影响大于市场规律的影响,因此最早成立的一批信用评级机构并未像国际信用评级机构那样接受资本市场检验,也不曾有过以市场为导向,逐步积累声誉资本和公信力,进而获得更多市场份额的发展历程。这也是当时我国信用评级行业与美国信用评级行业的主要不同点之一。

(二)中国信用评级机构资格制度的正式建立

1993年,中国人民银行致函国家工商行政管理局发布《中国人民银行关于企业资信、证券评估机构审批管理问题的函》,之后正式明确了企业资信、证券评估属于金融服务性机构,由中国人民银行负责审批管理。

1997年12月16日,中国人民银行发布《关于中国诚信证券评估有限公司等机构从事企业债券信用评级业务资格的通知》（以下简称《通知》），认可了中国诚信证券评估有限公司（现为"中诚信国际信用评级有限责任公司"）、大公国际资信评估有限责任公司、深圳市资信评估公司（现为"中证鹏元资信评估股份有限公司"）、云南资信评估事务所（现为"云南国联资信评估有限公司"）、长城资信评估有限公司、上海远东资信评估公司（现为"远东资信评估有限公司"）、上海新世纪投资服务公司（现为"上海新世纪资信评估投资服务有限公司"）、辽宁省资信评估公司（现为"北方资信评估有限公司"）、福建省资信评级委员会（现为"福建省资信评级事务所"）9家信用评级机构，并明确规定"除中国人民银行总行认可的具有企业债券资信评级资格的机构外，其他机构所进行的企业债券信用评级人民银行不予承认""企业债券发行前，必须经人民银行总行认可的企业债券信用评级机构进行信用评级"。《通知》正式赋予了这9家机构信用评级的权利，并为评级业务的开展提供了强大的体制机制保障。《通知》的发布标志着中国评级机构资格制度的正式建立，随着人民银行系统组建的信用评级机构正式退出信用评级行业，中国信用评级行业走上独立化、正规化的发展道路。

1997年起，中国人民银行在上海、深圳等地陆续开展贷款企业的信用评级试点工作，有力推动了信用评级机构在管理、标准、技术方面的进步，同时拓展了信用评级的业务市场，为信用评级行业的发展奠定了市场基础。从信用评级机构的产生与发展来看，中国人民银行在信用评级行业的制度建设和业务推进上都发挥了重要作用。

(三) 信用评级业务的明确化和制度化

1. 信用评级指标体系的初步形成

1991—1992年,我国共召开了三次全国信誉评级机构联席会议,讨论了信用评级的规范化问题并形成了《信誉评级办法》,包括债券信用评级、工商企业信用评级和金融机构信用评级的指标体系和计分标准等文件。其中,1992年4月在海口市召开的第三次信誉评级委员会联席会议决议通过了信誉评级指标体系,包括《债券信用评级办法》《企业信用评级办法》《金融机构信用评级办法》等。虽然这些文件只在部分地区进行试点,没有得到广泛的推广,但信用评级业务因此又向规范化和制度化迈进了一步,初步形成了我国本土的、较完整的信用评级指标体系,信用评级行业的严肃性、权威性由此有了相当程度的提高。

2. 强制评级要求的出现和拓宽

国务院于1992年12月17日发布了《关于进一步加强证券市场宏观管理的通知》,其中明确指出债券信用评级是债券发行审批过程中的一个必要环节,从而确立了信用评级机构在债券发行中的地位,也为此后信用评级机构的批量产生奠定了基础。

1993年8月2日,国务院发布的《企业债券管理条例》[①](以下简称《条例》)中明确规定,企业发行企业债券,可以向经认可的债

---

① 于2011年1月8日修订。

券评估机构申请信用评级。《条例》的发布与实施，对我国信用评级行业而言具有巨大的指导意义，很大程度上促进了我国评级行业的发展。

1996年，中国人民银行发布的《贷款证管理办法》[①]中规定，经中国人民银行总行及其分支机构认可的资信评估机构对企业作出的资信等级评定结果，可作为金融机构向企业提供贷款的参考依据。自此，信用评级机构评级结果的应用范围得以拓宽，这对信用评级机构的发展起到了一定的促进作用。

1996年8月，中国人民银行根据《中华人民共和国商业银行法》[②]等相关法律发布并执行了《贷款通则》。《贷款通则》中明确指出，"应当根据借款人的领导者素质、经济实力、资金结构、履约情况、经营效益和发展前景等因素，评定借款人的信用等级。评级可由贷款人独立进行，内部掌握，也可由有权部门批准的评估机构进行"。《贷款通则》的发布体现了政府对企业信用等级的重视程度，并且标志着企业信用等级开始与贷款实际操作和风险管控挂钩。当时，由于处于初步发展阶段，国内各评级机构在信用等级的定义、评级指标体系、信用评级方法和理论等方面存在较大差异，与国际信用评级的理念也存在较大差距，但这是信用级别和利率挂钩联动的一次有效尝试。同时，《贷款通则》作为当时商业银行开展贷款企业评级的主要依据，对信用评级机构的发展起到一定促进作用，例如部分企业为了达到银行贷款的优惠条件，申请评级机构为其进行信用评级。

---

① 于2007年1月5日失效。
② 于2015年8月29日修订。

1996年4月5日，中国证券监督管理委员会发布的《关于规范企业债券在证券交易所上市交易等有关问题的通知》[①]（以下简称《通知》）是信用评级行业发展历史上具有里程碑意义的政策，其中提出制定的《证券交易所企业债券上市交易规则》应包括对企业债券信用评级的要求，以及对债券评级机构跟踪企业债券信用状况以及持续披露的要求。根据上述规定，同年5月，上海证券交易所和深圳证券交易所分别发布了《上海证券交易所企业债券上市管理规则》和《深圳证券交易所企业债券上市管理规则》，其中规定申请债券上市的公司，须经交易所认可的评估机构评估，且债券信用等级不低于A级。自此，债券发行与信用评级在政策上联系起来，信用评级成为债券发行的硬性条件，信用评级机构在金融市场上的影响力和话语权得到了政策保障。

由于证券公司发行的债券大部分为短期融资券、公司债和金融债，信用评级机构不仅要对企业等债券发行人进行评级，还要对证券公司开展评级业务。至1999年底，中国信用评级机构对约50家证券公司和信托投资公司的证券业务部门进行了信用评级。到2000年底，中国信用评级机构共对10家左右的信托投资公司进行了信用评级。

[①] 于2004年9月15日失效。

（四）银行间债券市场的成立和全国性行业协会的组建与发展

1. 银行间债券市场的成立

1997年6月，银行间债券市场成立，主要职能为提供银行间外汇交易、人民币同业拆借、债券交易系统等业务并组织市场交易；提供外汇市场、债券市场和货币市场的信息服务等。银行间债券市场成立后，我国主管部门推出了企业债、公司债、短期融资券、中期票据、次级债和资产支持证券等一系列创新券种，非金融企业债务融资工具有了迅速发展。银行间债券市场的成立助推债券市场规模的扩大，为信用评级机构业务开展进入快速发展时期奠定了坚实的基础。

2. 全国性行业协会的组建与发展

随着我国信用评级行业的发展逐步迈向正轨，信用评级机构在开展各类评级业务的同时，开始探讨组建全国性行业协会的可能性。1998年3月，在1997年4月成立的华东资信评估联席会的基础上，由远东资信评估有限公司倡导，全国各地20多家资信评估机构自愿加入的协作组织——中华资信评估联席会成立，远东资信评估有限公司时任董事，原中国人民银行上海分行行长龚浩成任会长。中华资信评估联席会在成立初期，规模和影响都较小，尚不能起到行业协会的作用。在中华资信评估联席会召开的历次会议中，具有代表性意义的是2005年召开的第十五次会议，此次会议在全面、客观地剖析我国民族评级行业需突破的发展"瓶颈"的同时，展现了我国评级行业的光辉前景，透露出民族评级行业兴旺发达的强烈愿望，增强了会员机构谋求我国评级行业振兴的责任心和信心，昭示着中国民族评级行业的全面启动已整装待发。

（五）中国信用评级机构开启国际交流与合作

国内信用评级机构通过国际金融公司参股成立中外合资评级机构，开启了与国际信用评级机构进行技术合作和学习的时代。1998年9月11日，中国诚信信用管理股份有限公司与惠誉国际评级有限公司、国际金融公司（IFC）在人民大会堂联合举办信用评级国际研讨会，并举行了中国第一家中外合资评级机构——中诚信国际信用评级有限责任公司的合资合同签字仪式。此外，1999年7月，大公国际资信评估有限公司与穆迪公司展开了为期3年的技术合作。

三、快速发展期（2001—2016年）

2001年3月15日，经第九届全国人民代表大会第四次会议批准，中共中央、国务院发布了《中华人民共和国国民经济和社会发展第十个五年计划纲要》（以下简称《"十五"计划》）。《"十五"计划》明确提出要全面加快社会信用制度建设，规范市场经济条件下各主体之间的信用关系，并要在全社会强化信用意识、整肃信用秩序、建立严格的信用制度。之后，社会各界逐步认识到信用评级在征信体系中的重要功能和关键地位，地方性信用评级机构相继成立，全国信用评级机构的数量进入快速增长期。

（一）评级机构监管政策的建立与加强

1. 评级机构监管部门的确立和职责划分

我国信用评级行业进入快速发展期与评级机构监管政策的建立与加强密不可分。为了规避因信用评级机构可能存在的不合理竞争而造成的评级结果不实，造成投资人的损失以及诱发金融风险等情况，中国人民银行于2003年11月成立征信管理局。征信管理局负责对信用评级行业进行监管，规范信用评级业务，防止信用评级机构在评级过程中获取的企业商业秘密被滥用，这有助于保障国家信息安全和经济利益，推动信用评级行业的稳定发展。

2003年12月27日，全国人民代表大会常务委员会发布《中华人民共和国中国人民银行法（2003修正）》，其中指出中国人民银行应履行的职责之一是监督管理银行间同业拆借市场和银行间债券市场。作为我国债券市场的监管部门，中国人民银行发布的债券市场相关政策都将直接或间接地影响信用评级行业。

2004年1月31日，中共中央、国务院发布《国务院关于推进资本市场改革开放和稳定发展的若干意见》[①]（以下简称《意见》），其中明确指出要制定并完善公司债券发行、交易、信息披露、信用评级

---

① 于2015年11月27日失效。

等规章制度，规范证券信用评级机构管理，提高评级机构专业化水平，使评级机构更高效地服务于我国证券市场发展。此外，《意见》还指出要扩大直接融资，在严格控制风险的基础上，鼓励符合条件的企业通过发行公司债券筹集资金，改变债券融资发展相对滞后的状况，丰富债券市场品种，促进资本市场协调发展。《意见》发布后，发行企业范围的扩大、发行规模的增长、市场品种的丰富使信用评级机构在评级方法、评级产品等方面得到更大的成长空间和更好的发展机会。

2. 信用评级业务的规范化和系统化

2006 年 3 月 29 日，中国人民银行发布《中国人民银行信用评级管理指导意见》[①]（以下简称《意见》），其中对信用评级机构的专业人员、备案材料、内部管理制度、评级原则、级别符号、评级程序、人员行为约束、资料保存、指标检验体系、违规行为惩处等方面进行了详细的规定。其中，发布信用评级要素、标识及含义对信用评级业务而言具有重要指导意义，有助于信用评级行业的规范发展。《意见》对在银行间债券市场和信贷市场从事金融产品信用评级、借款企业信用评级、担保机构信用评级等业务的信用评级机构进行了工作制度和内部管理制度建设的指导，要求建立信用评级程序细则、信用评级方法规则、专业评估人员执业规范、信用评级报告准则、信用评级工作实地调查制度、信用评级评审委员会管理制度、跟踪评级及复评制度、防火墙制度及回避制度、业务信息保密制度、违约率检验制

---

① 于 2015 年 5 月 29 日修订。

度、信用评级结果公示制度等。同时,《意见》指导了中国人民银行分支行对信用评级业务的管理工作,规范了信用评级机构在银行间债券市场和信贷市场的信用评级执业行为,促进了信用评级行业的健康发展。

2006年11月21日,中国人民银行发布《信贷市场和银行间债券市场信用评级规范》(以下简称《规范》),包括信用评级主体规范、信用评级业务规范和信用评级业务管理规范三个部分,是我国针对信用评级行业所发布的重要行业标准。其中,信用评级主体规范部分不仅对信用评级业务主体、信用评级市场进入与退出、信用评级机构执业要求、评级制度要求、内部管理制度要求、员工行为准则等方面进行了详细规定,还提出信用评级机构应按照独立、公正的原则,采用科学、客观的评级方法,按照合理、规范的评级程序对评级对象的信用状况作出分析评价,并向评级结果的使用者提供整合分析后的信用信息。信用评级业务规范部分则从信用评级概述、基本原则、评级小组、评级信息、评级程序、评级结果及发布等方面加强了评级业务的合规性。同时,指出评级机构需在接受信用评级委托方的委托后组建评级小组,遵照信用评级的基本原则和流程,采用定性与定量相结合、静态与动态分析相结合、宏观与微观分析相结合的方法对评级对象的偿债能力和偿债意愿做出综合评价,并以简单的符号表示,让评级结果使用者能够快速、方便地得到客观、明了的信用信息,为其投资决策提供参考。而信用评级业务管理规范部分从信用评级业务准则、主管部门对评级业务的管理、评级业务质量检验、数据管理与统计等方面对管理机制进行了规范。

中国证券监督管理委员会于 2007 年 8 月 24 日发布了《证券市场资信评级业务管理暂行办法》[①]（以下简称《办法》），规定信用评级机构是对中国证券监督管理委员会依法核准发行的在证券交易所上市交易的债券、资产支持证券以及其他固定收益或者债务型结构性融资证券开展评级业务的金融机构。《办法》从业务许可、业务规则、监督管理和法律责任等方面对证券市场资信评级业务的管理进行了规定，并指出中国证券监督管理委员会及其派出机构依法对证券评级业务活动进行监督管理，中国证券业协会依法对证券评级业务活动进行自律管理。中国证券监督管理委员会发布《办法》以来，先后核准了中诚信证券评估有限公司（现为中诚信国际信用评级有限责任公司）、上海新世纪资信评估投资服务有限公司、鹏元资信评估有限公司（现为中证鹏元资信评估股份有限公司）、大公国际资信评估有限公司、天津中诚资信评估有限公司、东方金诚国际信用评估有限公司这 6 家证券信用评级机构从事证券市场资信评级业务。

《意见》《规范》和《办法》的发布促进了资信评级业务的规范发展，提高了证券市场的效率和透明度，保护了投资者的合法权益和社会公共利益。

3. 行业自律组织的成立与行业公信力的提高

（1）中国银行间市场交易商协会的成立。

债券市场的快速发展使行业自律组织的成立成为市场的迫切需

[①] 2021 年 2 月 26 日，《证券市场资信评级业务管理办法》发布，《证券市场资信评级业务管理暂行办法》失效。

要，而中国银行间市场交易商协会（以下简称交易商协会）的成立对我国债券市场以及评级行业而言意义重大，在增强市场自律管理、营造市场良好环境、保障市场投资者权益、提高市场专业化水平、防范市场风险等方面发挥了积极作用。

2007年9月3日，经国务院同意、民政部批准，交易商协会成立。交易商协会是由银行间债券市场、拆借市场、票据市场、外汇市场、黄金市场的参与者共同成立的行业自律组织，主管单位为中国人民银行。交易商协会成立后，先后发布了《银行间债券市场非金融企业债务融资工具发行注册规则》[①]《银行间债券市场非金融企业债务融资工具中介服务规则》[②]《银行间债券市场中期票据业务指引》等法规和制度文件。这些文件指出信用评级机构应在充分尽职调查的基础上，独立确定企业和债务融资工具的信用级别，出具评级报告，并对其进行跟踪评级，接受投资者关于信用评级的质询。同时，还要求企业发行的中期票据应披露企业主体的信用评级，若中期票据包含可能影响评级结果的特殊条款，企业还应披露中期票据的债项评级。

为了应对我国信用评级行业专业水平不足、存在不规范市场竞争等状况，交易商协会组织评级业务相关领域的专家学者，于2010年10月25日成立了中国银行间市场交易商协会信用评级专业委员会（以下简称信用评级专业委员会）。作为我国第一家在民政部批准下成

[①] 于2009年3月5日修订。

[②] 2020年6月12日，《银行间债券市场非金融企业债务融资工具中介服务规则》（2020版）发布。

立的信用评级行业自律组织,信用评级专业委员会通过专家议事制度在信用评级行业的自律管理中发挥了重要的作用,在很大程度上增强了我国信用评级行业自律管理的系统性和专业性。

(2)信用评级行业公信力的提高。

全国银行间债券市场中的评级机构评级作业行为和企业金融债券发行行为的进一步规范促进了行业公信力的提高。2008年3月11日,中国人民银行发布《关于加强银行间债券市场信用评级作业管理的通知》(以下简称《通知》),从信用评级机构现场访谈作业管理、评级业务时间要求、集团企业判定、业务流程单报备几方面对评级业务进行了详细规定。《通知》强调,对债券发行人高层管理人员及有关人员进行现场访谈是信用评级机构对发行人实地调查的重要步骤,是信用评级分析的重要基础之一。信用评级机构要认真做好现场访谈工作,深入、详尽地了解发行人的相关情况,使信用评级报告更能反映出发行人的实际情况,为投资者提供更加真实、透明、有效的信息。2009年3月25日,中国人民银行发布《全国银行间债券市场金融债券发行管理操作规程》,指出信用评级机构在信用评级过程中应恪守执业操守,保证评级结果的客观公正,充分揭示金融债券的投资风险,不得与发行人、主承销商或其他当事人协商信用级别,或以价定级。

2009年9月28日,中国证券业协会发布了由中诚信国际信用评级有限责任公司等5家取得了中国证券监督管理委员会的证券市场信用评级业务许可的信用评级机构共同签署的《证券资信评级行业自律公约》(以下简称《公约》)。《公约》指出信用评级机构应当遵守国家法律法规及中国证券监督管理委员会的有关规定,自觉接受中国证券业协会的自律管理，守法合规经营。同时，《公约》在评级原则、评级透明度、内部管理控制机制、保密义务履行、禁止行为等方面对信用评级业务进行了规定。

2012年3月12日，中国证券业协会发布《证券资信评级机构执业行为准则》[①]（以下简称《准则》），《准则》对中国证券监督管理委员会于2007年颁布的《证券市场资信评级业务管理暂行办法》（以下简称《办法》）进行了深化补充，对评级质量、评级程序、防范利益冲突、信息披露、信息保密、合规检查、监管等方面进行了详细规定。《公约》和《准则》的发布提高了证券资信评级行业的公信力，促进了我国证券市场的健康发展。

2015年1月6日，中国证券业协会发布了《证券市场资信评级机构评级业务实施细则（试行）》[②]（以下简称《细则》），旨在规范证券市场信用评级机构证券的评级业务活动，提高证券评级的业务水平。《细则》从尽职调查、评级报告出具、信息披露、自律管理等方面对信用评级机构开展评级业务进行了详尽的规定。适合本《细则》的债券类型包括中国证监会依法核准发行的债券、资产支持证券以及其他固定收益或者债务型结构性融资证券，在证券交易场所上市交易的债券、资产支持证券以及其他固定收益或者债务型结构性融资证券（国债除外）。《细则》经第五届理事会第十七次会议修订通过，于2016年6月24日发布。

---

① 于2023年10月20日失效。

② 已失效。

（二）社会信用制度的建设与完善

1. 中小企业信用环境的优化

2001年3月26日，财政部发布《关于印发〈中小企业融资担保机构风险管理暂行办法〉的通知》，其中要求中小企业融资担保机构要定期聘请财政部门认可的信用评级机构进行资信评级，并向社会公布评级结果。担保机构资信定期评级制度的建立，有利于投资者掌握存在担保情况债项的风险，促进企业融资担保工作的稳定有序开展，也有助于信用评级机构更广泛地开展评级业务。2002年8月1日，中国人民银行发布《关于进一步加强对有市场、有效益、有信用中小企业信贷支持的指导意见》，指出要进一步建立和完善适合中小企业特点的评级和授信制度，对中小企业特别是对小型企业的信用评级办法要进一步加以改进，实事求是地界定中小企业的信用等级。

2008年12月，国务院办公厅发布"金融30条"，其中多项内容涉及债券市场，并包含多个券种。例如，"金融30条"指出要通过进一步规范信贷市场和债券市场的信用评级，为中小企业融资创造便利条件，同时指出应优先安排与基础设施、民生工程、生态环境建设和灾后重建等相关的债券发行，稳步发展中小企业集合债券，开展中小企业短期融资券试点。

2. 社会信用体系的完善和社会信用水平的提升

（1）社会信用体系的建设和完善。

企业信用信息基础数据库的建立、中国企业信用评价中心（以下简称评价中心）的成立、企业和个人征信数据库的建设，都有效推动了社会信用体系的建设，并对防范和降低信用风险、维护金融稳定、推动实体经济平稳发展起到了积极作用。

2006年7月14日，中国人民银行发布《企业信用信息基础数据库管理暂行办法》（以下简称《办法》），指出中国人民银行负责组织建立企业信用信息基础数据库，并设立征信中心承担企业信用数据库的运行和管理。《办法》从信用信息的报送、整理、查询、异议处理、安全管理、处罚措施等方面对企业信用数据库进行了详细的规定。

2010年成立的评价中心负责全国企业信用的评价、认证和中国企业联合信用系统的实施、建设、管理工作，这些工作的推进加强了企业诚信建设，提升了企业市场竞争力，促进了全社会诚信兴商风尚的形成。

2010年8月11日，中国人民银行发布《关于印发征信系统数据质量量化考评达标制方案的通知》（以下简称《通知》）。《通知》中包括企业征信系统数据和个人征信系统数据的量化考评方案，其中企业方案从考评指标、权重、得分计算方法等方面对企业征信系统数据进行了详细的规定与释义。

2013年1月21日，国务院发布《征信业管理条例》（以下简称

《条例》），并于同年3月15日起实施。《条例》对企事业单位信用信息的采集、整理、保存、加工、提供给信息使用方等行为，以及金融信用信息基础数据库的建设进行了规定。同时，在《条例》的指引下，信用评级机构在国家发展和改革委员会等部门的带领下，积极投入社会信用体系建设，在规范征信活动、保护利益相关者的合法权益等方面做出贡献。

（2）信用评级机构在社会信用体系建设中的角色和责任。

信用评级机构在社会信用体系建设过程中发挥了重要作用，其作为"金融市场看门人"的地位越来越得到社会的认可与重视，提升信用评级机构的核心竞争力对金融市场的稳定发展而言意义重大。2014年6月，国务院正式印发了《社会信用体系建设规划纲要（2014—2020）》（以下简称《纲要》），对2014年至2020年我国社会信用体系的建设进行了规划。《纲要》中提出要"推进并规范信用评级行业发展""规范发展信用评级市场，提高信用评级行业的整体公信力""探索创新双评级、再评级制度""培育发展本土评级机构，增强我国评级机构的国际影响力""鼓励我国评级机构参与国际竞争和制定国际标准，加强与其他国家信用评级机构的协调与合作"。

信用评级机构在我国信用体系建设过程中承担的责任越来越重。2015年底，由国家发展和改革委员会牵头建设、国家信息中心承建的全国信用信息共享平台投入使用，其致力于促进各类社会主体信用状况的公开透明、可查可核，实现多部门、跨地域、跨领域信息联享、信用联评、守信联奖、失信联惩的共享机制，助力建立以信用为核心的新型监管和社会治理方式，推动社会信用体系建设向纵深发展。

2015 年以来，以"信用中国"为代表的信用信息共享平台所收录的个人及企业信用信息数据的数量飞速增长，这使信用信息更加透明化，其中"双公示"等板块由各大信用评级机构参与建设。

（三）债券市场扩容刺激评级业务快速发展

1. 国际开发机构在中国境内发行人民币债券需要中国信用评级机构开展评级的要求扩充了债券市场规模

2005 年 2 月 18 日，中国人民银行、财政部、国家发展和改革委员会、中国证券监督管理委员会发布《国际开发机构人民币债券发行管理暂行办法》，要求国际开发机构申请在中国境内发行人民币债券，必须由在中国境内注册且具备人民币债券评级能力的评级公司出具 AA 级以上的评级结果，并提交人民币债券信用评级报告及跟踪评级安排的说明。2010 年 9 月 16 日，中国人民银行、财政部、国家发展和改革委员会、中国证券监督管理委员会发布了修订后的《国际开发机构人民币债券发行管理暂行办法》[①]，进一步规定国际开发机构申请在中国境内发行人民币债券需经两家以上（含两家）评级公司评级，其中至少应有一家评级公司在中国境内注册且具备人民币债券评级能力，且评级结果为 AA 级（或相当于 AA 级）以上。国内信用评级机构出具评级报告成为国际开发机构发行人民币债券的必要条件，这拓展了国内评级机构的业务范围，提高了国内评级机构的国际影响力和话语权。

---

① 于 2018 年 9 月 8 日失效。

2. 清算方式的革新、双评级制度的提出、合格机构投资者的进入条件设立都有利于债券市场扩容

2010年8月17日，中国人民银行发布《关于境外人民币清算行等三类机构运用人民币投资银行间债券市场试点有关事宜的通知》，对境外中央银行或货币当局、香港和澳门地区人民币业务清算行、跨境贸易人民币结算境外参加银行三类机构使用人民币进行银行间债券市场投资的试点工作进行了规定。试点工作的开展有利于我国债券市场对外开放、引入外资，从而对信用评级行业的国际影响力产生积极影响。

在金融危机席卷全球的背景下，为按照信用经济和评级发展规律要求推动国际评级制度变革、引导世界新评级体系发展、打破全球评级三巨头的垄断现状，2012年10月24日，中国大公国际资信评估有限公司、美国伊根－琼斯评级公司以及俄罗斯信用公司三家独立评级机构在北京成立世界信用评级集团，并提出信用评级行业应采用双评级制度。双评级制度作为新型国际评级制度，有利于解决国际评级制度体系的固有问题，有利于向世界提供公正的评级信息，同时，对于信用评级机构而言，双评级制度是具有可持续盈利能力的商业模式。

2016年4月27日，中国人民银行发布公告〔2016〕第8号，就进一步做好合格机构投资者进入银行间债券市场的有关事项进行了规定。该公告对法人类合格机构投资者和非法人类合格机构投资者应符合的条件进行了具体规定，并提出交易商协会对合格机构投资者进行自律管理，中国人民银行依法对合格机构投资者的债券业务开展情况

进行现场或非现场检查。该公告明确了各监管机构的职责，规范了债券市场的发展，提高了债券市场的效率，对信用评级行业的有序发展产生正面影响。

（四）债券市场券种和评级产品不断丰富

1. 加入世界贸易组织助力信用评级行业发展进入快车道

2001年12月11日，中国加入世界贸易组织，中国开始融入国际资本市场、参与全球资源配置，给我国信用评级行业的发展带来前所未有的机遇。一方面，加入世界贸易组织对我国金融行业提高竞争力、扩宽证券中介机构的业务范围、丰富债券品种、吸引国际投资、提高监管水平等方面具有较大的促进作用。另一方面，加入世界贸易组织会刺激国内经济发展，让经济发展和社会基础设施建设的步伐加快，更多地区和领域需要更有效的投资，政府和企业需要更多的可用资金，国债和企业债市场规模扩大，随之而来的是信用评级业务需求的增长。在加入世界贸易组织之后，2002年至2007年，我国每年债券市场总体发行数量和规模同比均实现20%以上的高速增长。同期，新增券种包括但不限于一般公司债、一般短期融资券、保险公司债、证券公司债、其他金融机构债、集合企业债、商业银行债、商业银行次级债、银保监会主管ABS、可转债、可分离转债存债等。我国信用评级行业从此进入了高速发展阶段，在评级方法上更加注重分行业开展评级业务，使信用评级的专业性大幅提升。

2. 券种和监管创新持续推动信用评级行业的健康有序发展

（1）券种创新推动我国信用评级行业的发展。

企业债的推出为券种创新作出了贡献，也提高了评级产品的丰富性。2008年1月2日，国家发展和改革委员会发布《关于推进企业债券市场发展、简化发行核准程序有关事项的通知》[①]（以下简称《通知》），指出公开发行企业（公司）债券需提交信用评级报告，包括信用评级报告的内容概要以及跟踪评级安排等，并将"先核定规模、后核准发行"两个环节简化为"直接核准发行"一个环节。《通知》的发布进一步推动了企业债券的市场化发展，对扩大企业债券的发行规模、提高评级行业的业务量起到积极作用。

中期票据的推出为发行人和投资人提供了更多的选择，因此，其受到市场的广泛认可，评级机构也形成了关于中期票据的评级产品。2008年4月16日，交易商协会发布《银行间债券市场非金融企业中期票据业务指引》，规定企业发行中期票据应披露企业主体信用评级，如果含有可能影响评级结果的特殊条款，企业还应披露债项评级。

绿色债券一经推出便受到市场的广泛关注，也推动了绿色机构认证等评级产品的产生，对信用评级业务规模的提升具有积极作用。2015年12月15日，中国人民银行发布公告〔2015〕第39号，对银行间债券市场发行绿色金融债券进行了规定。公告指出，获准发行绿色金融债券的发行人应向中国人民银行提交信用评级机构出具的金融债券信用评级报告及有关持续跟踪评级安排的说明。该公告的发布有

---

① 于2018年1月1日失效。

助于加快建设生态文明，引导金融机构服务绿色发展，推动经济结构转型升级和经济发展方式转变。

地方政府债评级成为评级新产品。上海新世纪资信评估投资服务有限公司于2014年6月发布了《中国地方政府债券信用评级方法（2014）》（以下简称《评级方法》），并依据此评级方法对广东、山东、江西、深圳四个省市的地方政府债券进行了评级。这是我国首次开展地方政府债评级和发布地方政府债评级报告。《评级方法》是在《中华人民共和国预算法》[①]以及国务院、财政部对地方政府财政管理体制、地方政府存量债务管理、地方政府债券发行等方面规定的基础上编写而成的，为我国未来几年迅速扩大的地方政府债发行规模打下了评级理论基础。

同时，中国人民银行推出了短期融资券、中期票据、中小企业集合票据等新券种，逐步改变了我国以银行信贷为主的融资格局，推动了我国债券市场的多层次发展。

信用评级行业不仅从券种方面提升了自身的业务规模，还从地域方面扩大了自身的影响力。2005年，中国人民银行决定，由重庆、天津、南京、长沙、武汉、成都等8个省市实施独立第三方信用评级机构对信贷企业开展评级的试点，后续扩展到其他多个省市，这在拓宽信用评级区域的同时，扩大了企业信用评级的业务范围和规模。

（2）监管创新推动我国信用评级行业的发展。

2004年6月17日，中国人民银行、中国银行业监督管理委员会

---

① 于2018年12月29日修订。

发布《商业银行次级债券发行管理办法》（以下简称《管理办法》），作出了商业银行发行次级债券需聘请证券信用评级机构进行信用评级，并报送次级债券信用评级报告及跟踪评级安排的规定。中国人民银行于 2004 年 10 月 18 日发布《证券公司短期融资券管理办法》[①]（以下简称《办法》），2005 年 12 月 13 日发布《关于公司债券进入银行间债券市场交易流通的有关事项》（以下简称《有关事项》）。《办法》指出拟发行短期融资券的证券公司应当聘请信用评级机构进行信用评级，并对证券公司短期融资券的定义、发行规程、交易、托管、结算、兑付、信息披露、监督管理等方面进行了详细的规定。《有关事项》指出发行人要求安排其发行的公司债券进入银行间债券市场交易流通的，需提交公司债券信用评级报告及其跟踪评级安排的说明、担保人资信情况说明及担保协议，并且，在债券交易流通期间，发行人应在每年 6 月 30 日前向市场投资者披露上一年度的年度报告和信用跟踪评级报告。2006 年 9 月 5 日，中国人民银行发布公告〔2006〕第 11 号，指出商业银行公开发行和定向发行混合资本债券均应进行信用评级，并对债券存续期内的跟踪评级行为进行了详细规定。以上政策的发布有利于促进商业银行资产负债结构的改善，稳定短期融资券的发行渠道，完善公司债券（含企业债券）的市场披露机制，规范商业银行混合资本债券的发行行为，推动公司债券市场的快速、健康发展。

---

① 2021 年 7 月 20 日，《证券公司短期融资券管理办法（2021）》发布，《证券公司短期融资券管理办法》失效。

3. 新型运营模式的探索和发债程序的简化推动信用评级行业的规范发展

投资人付费评级模式的产生和发展是对评级行业新型运营模式的探索。2010年9月29日，交易商协会出资5000万元设立中债资信评估有限责任公司（以下简称中债资信）。中债资信是首家全国性的信用再评级公司，也是首家采用投资人付费业务模式的新型信用评级公司。中债资信探索采用主动评级的方式，在发行债券已有评级公司进行评级的情况下，对该债券进行再次评级，并采用投资人支付的付费模式，不以营利为目的，进行独立、客观、公正的评级业务，实践新型运营模式，力争提升我国评级行业的公信力，推动评级业务的规范发展。之后，2012年5月22日，中国人民银行、中国银行业监督管理委员会、财政部发布《关于进一步扩大信贷资产证券化试点有关事项的通知》，鼓励资产支持证券采取多元化的信用评级方式，支持资产支持证券采用投资者付费模式进行信用评级，指出资产支持证券投资者应建立内部信用评级系统，提高对投资风险的自主判断能力，减少对外部评级业务的依赖。

企业发债程序的简化也有利于评级机构更好地为发债企业服务，增加评级产品的丰富性。2015年11月30日，国家发展和改革委员会发布《关于简化企业债券审报程序加强风险防范和改革监管方式的意见》（以下简称《意见》），提出鼓励信用优良企业发债融资，豁免信用优良企业发债委内复审环节，放宽信用优良企业发债指标限制等措施。《意见》的发布有利于深化企业债券审批制度的改革，推进企业债券发行管理由核准制向注册制过渡，进一步发挥企业债券在重点领域、重点项目融资和服务实体经济发展等方面的作用。

（五）各券种对评级的具体要求逐步完善

1. 信用评级成为债券发行的必要环节

多项政策规定了信用评级结果在债券发行过程中的必要性，为我国评级行业的发展奠定了基础。2004年12月30日，中国人民银行发布公告〔2004〕第22号（以下简称公告），提出拟在银行间债券市场发行债券的机构和发行的债券（除不需评级的部分外），均应经过在中国境内进行工商注册且具备债券评级能力的评级机构的信用评级，在向中国人民银行提交的备案材料中，应包括信用评级结果和有关简要说明文件。公告指出，"信用评级机构应按照独立、公正、客观的原则，对拟发债机构和拟发行债券进行信用评级，确定其信用等级""对发行债券提供担保的，信用评级机构还应对担保机构及债券增值进行信用评级"。2008年4月9日，中国人民银行发布《银行间债券市场非金融企业债务融资工具管理办法》（以下简称《办法》），明确规定企业发行债务融资工具应由在中国境内注册且具备债券评级资质的评级机构进行信用评级。《办法》确定了信用评级业务在企业发行债务融资工具过程中的必要性，确立了信用评级行业在金融领域的地位。

2015年5月9日，中国人民银行发布公告〔2015〕第9号，调整了银行间债券市场债券交易流通的有关管理政策，提出政府债券、中央银行债券、公司信用类债券（如金融债券、企业债券、公司债券、非金融企业债务融资工具等）、资产支持证券等各类债券应向同业拆借中心提供债项评级、主体评级、评级机构等必要信息。

随着 2016 年 10 月《上海证券交易所公司债券发行上市业务操作指南》（以下简称《操作指南》）的发布，信用评级报告成为正式的申请发行文件，这不仅意味着债券市场对发行人信用等级的重视，还展现出对信用评级机构出具的评级结果的依赖性的提高。《操作指南》明确规定信用评级报告为公开发行公司债券备案所需提供的申请文件之一，非公开发行如有信用评级报告也可提供，并且"根据各评级机构的规范不同，评级报告应当由分析师签名，并加盖公章""债券分期发行的，自第二期开始每期需单独出具评级报告""涉及发行人年度财务数据更新的，评级机构需根据新的财务数据重新出具评级报告"。

2. 明确不同类型债券对信用评级的具体要求

（1）可转债对信用评级的具体要求。

2001 年 4 月 26 日，中国证券监督管理委员会发布《上市公司发行可转换公司债券实施办法》[①]（以下简称《办法》），明确指出"发行人可委托有资格的信用评级机构对本次可转换公司债券的信用或发行人的信用进行评级，信用评级的结果可以作为确定有关发行条款的依据并予以披露"。同时，《办法》从发行条件、申报及核准程序、发

---

① 于 2006 年 5 月 8 日失效。

行条款、发行与承销、赎回回售和转股、信息披露、法律责任等方面对可转换公司债券进行了非常详尽的规定。《办法》规范了上市公司发行可转换公司债券的行为，有效保障了投资者的合法权益，也为信用评级机构在可转换公司债券方面评级业务量的增长提供了条件。

（2）资产支持证券对信用评级的具体要求。

2005年4月20日，中国人民银行、中国银行业监督管理委员会发布《信贷资产证券化试点管理办法》，指出受托机构在全国银行间债券市场发行资产支持证券，应向中国人民银行提交由具有评级资质的信用评级机构所出具的信用评级报告草案以及有关持续跟踪评级安排的说明。2015年6月13日，中国人民银行发布《资产支持证券信息披露规则》，明确指出资产支持证券发行需向投资者披露发行说明书、评级报告、募集办法和承销团成员名单，且受托机构应与信用评级机构达成资产支持证券跟踪评级的相关安排约定，并于资产支持证券存续期内，每年的7月31日前向投资者披露上一年度的跟踪评级报告。2015年11月7日，中国银行业监督管理委员会发布《金融机构信贷资产证券化试点监督管理办法》，规定银行业金融机构发行资产支持证券需报送信用评级机构出具的信用评级报告草案及有关持续跟踪评级安排的说明。信用评级机构出具的评级报告成为资产支持证券发行的必要文件之一，带动了信用评级业务的发展，也有助于维护投资者的合法权益，有效管理和控制信贷资产证券化业务中的相关风险，促进银行间债券市场的健康发展。

之后，中国人民银行于2007年8月21日发布公告〔2007〕第16号，规范了信贷资产证券化的信息披露行为，对信贷资产证券化产品在发行前和跟踪期的信用评级报告内容进行了详尽的列举,进一步推动了信贷资产证券化业务的健康发展。

2012年8月3日,交易商协会发布了《银行间债券市场非金融企业资产支持票据指引》[①](以下简称《指引》),指出企业选择公开发行方式发行资产支持票据,应当聘请两家具有评级资质的信用评级机构进行信用评级,并鼓励对资产支持票据采用投资者付费模式等多元化的信用评级方式。《指引》规范了非金融企业在银行间债券市场发行资产支持票据的行为,拓宽了非金融企业的融资渠道,保护了投资者的合法权益,推动了金融市场的发展。

(3)金融债券对信用评级的具体要求。

2005年4月27日,中国人民银行发布《全国银行间债券市场金融债券发行管理办法》(以下简称《办法》)。《办法》从金融债券的申请与核准、发行、登记托管与兑付、信息披露、法律责任等方面对我国银行间债券市场金融债券进行了详细的规定。例如,金融机构(不包括政策性银行)发行金融债券时,应向中国人民银行报送信用评级机构出具的金融债券信用评级报告及有关持续跟踪评级安排的说明;金融债券发行后,信用评级机构应每年对该金融债券进行跟踪信用评级,在金融债券存续期间,发行人应于每年7月31日前披露债券跟踪信用评级报告,信息披露涉及信用评级报告的,应由具有债券评级能力的信用评级机构出具;若发生影响金融债券信用评级的重大事项,信用评级机构应及时调整对该金融债券的信用评级,并向

---

① 于2016年被修订。

投资者公布；如果信用评级机构出具的文件含有虚假记载、误导性陈述或重大遗漏，由中国人民银行按照《中华人民共和国中国人民银行法》第46条的有关规定予以处罚。《办法》还同时适用于资产支持证券。

2009年8月18日起，金融租赁公司和汽车金融公司发行金融债券的行为受到了规范，中国人民银行、中国银行业监督管理委员会发布的公告〔2009〕第14号（以下简称公告）指出，金融租赁公司和汽车金融公司发行金融债券应报送信用评级机构出具的金融债券信用评级报告和有关持续跟踪评级安排的说明，信用评级业务的范围再次得到拓宽。《办法》和公告明确了信用评级机构出具的评级报告为金融债券发行的必要材料之一，信用评级机构的重要性又一次得到显现，同时，对信用评级机构的监管也日趋严格，这为今后金融债券发行规模的逐渐壮大提供了政策保障，我国债券市场得到进一步完善。

（4）短期融资券对信用评级的具体要求。

2005年银行间市场推出短期融资券品种，同年5月9日，中国人民银行颁布了《短期融资券管理办法》（以下简称《办法》），对短期融资券的发行、登记、托管、交易、结算、兑付、信息披露、监督管理等方面进行了详细的规定。其中明确提出企业发行融资券需经过在中国境内进行工商注册且具备债券评级能力的评级机构的信用评级，并将评级结果向银行间债券市场公示，另外，信用评级报告全文和跟踪评级安排的说明是企业申请发行短期融资券时需向中国人民银行提交的必要备案材料之一。《办法》的颁布规范了短期融资券的发行和交易，保护了短期融资券当事人的合法权益，对我国债券市场短期融资债券的发展而言意义深远。

(5) 公司债券对信用评级的具体要求。

2007年8月14日，中国证券监督管理委员会发布的《公司债券发行试点办法》[①]指出，发行公司债券需经中国证券监督管理委员会认定的、具有从事证券服务业务资格的信用评级机构进行信用评级，强调了公司债券发行过程中评级的必要性。

2015年1月15日，中国证券监督管理委员会发布《公司债券发行与交易管理办法》[②]，其中对公司债的发行和交易转让、信息披露、债券持有人的权益保护、监督管理和法律责任等方面进行了规定，具体包括：公开发行公司债券，应当委托具有从事证券业务资格的信用评级机构进行信用评级；非公开发行公司债券是否进行信用评级由发行人自行决定，并在债券募集说明书中披露。

(6) 地方政府债券对信用评级的具体要求。

2014年10月2日，国务院发布《关于加强地方政府性债务管理的意见》（以下简称《意见》），明确提出建立地方政府信用评级制度，逐步完善地方政府债券市场。具体内容包括但不限于加快建立规范的地方政府举债融资机制、对地方政府债务实行规模控制和预算管理、控制和化解地方政府性债务风险、完善地方政府债配套制度、妥善处理存量债务和在建项目后续融资、加强组织领导等。作为我国地

---

① 2015年1月15日，《公司债券发行与交易管理办法》发布，同日，《公司债券发行试点办法》失效。

② 于2023年10月20日被修订，现为《公司债券发行与交易管理办法（2023）》。

方政府债的重要纲领性文件,《意见》的颁布为以后各年度地方政府债发行规模的井喷式增长奠定了基础。

相关政策也对地方政府发行一般债进行了规定。2015年3月12日,财政部发布《地方政府一般债券发行管理暂行办法》,规定开展一般债券信用评级时,地方政府应择优选择信用评级机构,并与信用评级机构签署信用评级协议,明确双方的权利和义务,而信用评级机构应按照独立、客观、公正的原则开展信用评级工作,遵守信用评级规定与业务规范,及时发布信用评级报告。

3. 金融机构信用评级业务的开展和规范

信用评级在包括保险机构、商业银行等金融机构中发挥的作用越来越得到重视。2007年1月8日,中国保险监督管理委员会[①]发布《保险机构债券投资信用评级指引(试行)》(以下简称《指引》),提出保险机构投资各类债券应当进行内部信用评级。《指引》指出保险机构应当建立科学的指标体系,规范评级程序和方法,详尽分析影响发债主体信用评级的风险因素,评定其偿债能力和偿债意愿,确定其信用等级。保险机构建立内部评级系统有利于在投资债券过程中防范信用风险,提高自身的竞争能力,促进信用评级行业和金融市场的健康发展。

2012年6月7日,中国银行业监督管理委员会发布《商业银行资

---

① 中国保险监督管理委员会于2018年3月撤销。

本管理办法（试行）》①（以下简称《办法》），对商业银行内部评级和使用外部评级机构进行评级都做出了详细规定。关于外部评级，《办法》规定商业银行应当根据《办法》附件规定的合格外部评级机构的资格标准进行尽职调查的基础上，审慎选用合格外部评级机构及其信用评级结果。同时，《办法》对多方评级结果的使用和债项评级结果的使用进行了明确规定。

2015年1月15日，中国人民银行、中国保险监督管理委员会发布《保险公司发行资本补充债券有关事宜》（以下简称《事宜》），指出保险公司发行资本补充债券，需提交信用评级机构出具的信用评级报告及有关持续跟踪评级安排的说明，并指出资本补充债券在全国银行间债券市场发行与交易的初始评级应当聘请两家具有评级资质的信用评级机构进行持续信用评级。在资本补充债券存续期间，信用评级机构应当定期和不定期地对资本补充债券进行跟踪评级，并每年发布一次跟踪评级报告，每季度发布一次跟踪评级信息。《事宜》规范了保险公司发行资本补充债券的行为，促进了保险公司偿付能力的提高，维护了投资者的合法权益。

4. 信用评级机构市场评价体系的构建

2016年2月26日，交易商协会发布《非金融企业债务融资工具信用评级机构业务市场评价规则》（以下简称《市场评价规则（2016版）》），对市场评价指标体系、市场评价的实施等方面进行了规定。

---

① 2023年11月1日，《商业银行资本管理办法》发布，2024年1月1日，《商业银行资本管理办法（试行）》失效。

《市场评价规则（2016版）》有利于加强对非金融企业债务融资工具信用评级机构的管理，建立市场化评价机制，提升信用评级机构的评级技术和专业化水平，提高信用评级机构的中介服务水平，促进银行间债券市场的健康有序发展。

四、规范发展期（2017—2020年）

这一时期，我国评级行业对外开放的进程加快，与以往的技术合作、参股等方式不同，这一时期的方式是正式打开国门，迎接国际评级机构进入国内债券市场。同时，随着评级机构准入制改为备案制、银行间和交易所逐渐统一、各项监管政策日趋严格等，我国评级行业步入规范发展时期。

（一）信用评级行业全面对外开放

2017年前，中国信用评级行业仍属于限制外商投资的行业。外资信用评级机构仅限在银行间债券市场参股中国评级机构，且因受持股比例不得超过49%的限制，外资信用评级机构涉入合资企业经营管理程度较低。

1. 业务资质对外开放政策陆续出台

2016年12月，国家发展和改革委员会将信用评级行业从限制外商投资产业的目录中删除。2017年7月3日，中国人民银行发布《评级机构在银行间债券市场开展信用评级业务有关事宜》，对境内外依法设立的信用评级机构在中国银行间债券市场开展与债券发行相关的信用评级业务应具备的条件进行了规定，并明确指出由中国人民银行负责监督管理。2018年3月，交易商协会发布《银行间债券市场信用评级机构注册评价规则》，允许符合条件的境外信用评级机构在境内开展债券信用评级业务，交易商协会将对申请注册的评级机构开展市场化评价，并根据评价结果实行分层、分类管理。2019年7月20日，国务院金融稳定发展委员会推出了11条金融业进一步对外开放的政策措施，提出允许外资机构对银行间债券市场和交易所债券市场的所有种类债券开展信用评级，允许外资机构获得银行间债券市场的A类主承销牌照，并于2019年11月25日发布的《中国金融稳定报告（2019）》中，重申允许外资机构在中国开展企业征信业务和信用评级服务，且外资机构可以对银行间债券市场和交易所债券市场的所有种类债券进行评级。

2. 信用评级行业正式开启国际化进程

2018年，国际三大评级机构在北京成立分支机构并向交易商协会提交了注册申请。2019年1月28日，美国标普全球公司在北京设立的全资子公司——标普信用评级（中国）有限公司获准正式进入我国评级市场开展业务，成为中国评级市场对外开放后第一家进入中国市场的外资信用评级机构。2020年5月14日，美国惠誉评级公司在北京设立的独资公司——惠誉博华信用评级有限公司成为第二家获准进入中国市场的外资信用评级机构。

银行间和交易所债券市场的对外开放有助于推动中国信用评级市场在评级技术、评级服务质量上的持续提升，也有助于推动企业债券融资成本的整体下降，进而促进信用评级行业的健康发展。

（二）评级行业注册制改革，准入改为备案

2019年11月26日，中国人民银行、国家发展和改革委员会、财政部、中国证券监督管理委员会联合发布《信用评级业管理暂行办法》（以下简称《办法》），明确信用评级行业的进入由"审批制"转向"备案制"，监管方式由行政许可管理的事前监管方式向市场化管理的事中、事后监管方式转变，通过市场化运行来实现信用评级行业的优胜劣汰，使评级机构之间的竞争更加激烈，这有利于提高我国信用评级机构的市场竞争力和评级服务质量。

此外，《办法》明确由中国人民银行负责制定信用评级机构的准入原则和基本规范，这意味着信用评级行业将逐步消除不同债券业务要求评级机构执行不同的准入规则和基本规范的现象，以实现信用评级市场准入和规范的统一。

（三）监管政策趋于统一，监管力度持续加大

1. 信用评级机构的市场行为自律管理约束机制的进一步完善

2018年3月27日，交易商协会发布《非金融企业债务融资工具

信用评级机构自律公约》（以下简称《公约》），包括总则、自律条款、公约执行、附则四章，公约参与方包括大公国际资信评估有限公司、中诚信国际信用评级有限责任公司、中债资信评估有限责任公司、联合资信评估股份有限公司、东方金诚国际信用评估有限公司和上海新世纪资信评估投资服务有限公司六家信用评级机构。《公约》对信用评级机构的评级业务行为、应履行的义务、违反公约的处分进行了规定，指出信用评级机构应遵守国家法律法规及中国人民银行的有关规定，接受交易商协会的管理，同时信用评级机构应遵循独立、客观、公正的原则，树立良好的职业道德，创造良好的行业发展环境，维护金融秩序的稳定。

2. 银行间和交易所之间趋于统一、互联互通、信息共享的格局逐渐形成

2018 年 9 月 7 日，中国人民银行、中国证券监督管理委员会发布公告〔2018〕第 14 号文件（以下简称文件），从推动银行间债券市场和交易所债券市场评级业务资质逐步统一、鼓励信用评级机构通过市场化方式进行整合、加强信用评级机构监督管理和信用评级行业监管信息共享、要求信用评级机构通过完善公司治理机制等措施保证评级质量四个方面着手，对信用评级机构在银行间债券市场和交易所债券市场开展债券评级业务进行了规定。紧接着，中国人民银行、中国证券监督管理委员会于 2018 年 9 月 11 日发布《加强信用评级统一管理，推进债券市场互联互通》公告（以下简称公告），对逐步统一银行间债券市场和交易所债券市场评级业务资质，加强对信用评级机构的监管和监管信息共享,推进信用评级机构完善内部制度,统一评级标准,提高评级质量等方面进行了规范。文件和公告的颁布推动了债券市场统一评级标准的构建,推进了债券市场的互联互通,促进了信用评级机构监管信息的共享,完善了债券市场的管理制度,规范了信用评级业务的发展。

此外,根据文件的要求,2019年2月12日,中国证券业协会和交易商协会首次发布《债券市场信用评级机构业务运行及合规情况通报》,对2018年第四季度债券市场中评级机构的市场表现、业务发展及自律管理、合规情况进行了梳理和总结,并在此后持续发布季度通报,这在促进债券市场信用评级业务规范健康发展的同时,保障了信用评级风险揭示作用的充分发挥。

3. 依法从严监管趋势的逐步加强

(1)行业信用评价工作制度的完善。

行业信用评价是行业信用体系建设的一项重要工作,可对树立协会形象、推动行业自律、保障行业健康发展起到重要作用。2018年11月6日,商务部发布《关于加强行业信用评价试点管理工作的通知》,从行业信用评价的工作方向、指标的科学性和信息来源的准确性、信用信息管理、部署组织的精密性、行业信用评价的规范性等方面对行业信用评价工作进行了规定。

(2)信用评级业务信息披露、债券业务和发行行为等的规范。

2019年5月10日,交易商协会发布《银行间债券市场非金融企业债务融资工具信用评级业务信息披露规则》(以下简称《规则》),

其中除了对信用评级机构基础信息披露、信用评级结果及质量统计情况披露、专项信息披露、信息披露事务管理、自律管理与处分几方面进行了规定，还发布了信用评级业务信息披露表格体系。《规则》的颁布规范了信用评级机构在银行间债券市场非金融企业债务融资工具评级业务中的信息披露行为，提高了信用评级业务的透明度，促进了银行间债券市场的健康发展。

2019年8月30日，上海证券交易所、全国中小企业股份转让系统有限责任公司、中国证券登记结算有限责任公司发布了《非上市公司非公开发行可转换公司债券业务实施办法》，从挂牌与转让、转股、信息披露及持续性义务等方面对可转换公司债券进行了规定。2020年6月12日，交易商协会发布《非金融企业短期融资券业务指引》《非金融企业超短期融资券业务指引》及《非金融企业中期票据业务指引》，分别指出企业发行短期融资券应披露企业主体信用评级和短期融资券的债项评级，发行超短期融资券应披露企业主体信用评级，发行中期票据应披露企业主体信用评级和当期中期票据的债项评级。

（3）地方政府债券的规范性增强。

地方政府债券发行行为、评级业务、管理办法、风险水平等相关规定的颁布，有利于加强地方政府债券信用评级市场的自律管理，规范地方政府债券的信用评级业务，促进地方政府债券市场的健康发展。

2019年6月10日，中共中央办公厅、国务院办公厅印发《关于做好地方政府专项债券发行及项目配套融资工作的通知》（以下简称《通知》），指出要强化专项债券信用评级和差别定价，并且要加快建立地方政府信用评级体系，加强地方政府债务风险评估和预警结果在金融监管等方面的应用。《通知》的发布有利于专项债券更好地发挥支持重点领域和薄弱环节、增加有效投资、优化经济结构、稳定总需求、拉动经济发展等重要作用。

2020年3月3日，中国国债协会发布《地方政府债券信用评级业务自律规范指引》，对地方政府债评级业务中的信用评级机构及人员、信用评级程序及业务规则、信息披露、自律管理等方面进行了规定。2020年12月19日，财政部发布《地方政府债券发行管理办法》，规定地方财政部门应当按照公开、公平、公正原则，从具备中国境内债券市场评级资质的信用评级机构中依法竞争择优选择信用评级机构，并按规定及时披露所选定的信用评级机构。而信用评级机构应当按照独立、客观、公正和审慎性原则开展信用评级工作，严格遵守信用评级业管理有关办法、地方政府债券信用评级有关规定和行业自律规范，及时发布信用评级报告。

（4）债券市场风险防范及化解机制的建立健全。

对信用风险和违约监管的加强，有助于防范化解金融风险，深化金融供给侧结构性改革，促进公司信用类债券市场的健康发展。2020年7月1日，中国人民银行、国家发展和改革委员会、中国证券监督管理委员会发布《关于公司信用类债券违约处置有关事宜的通知》（以下简称《通知》），提出要提高对存续期债券的信用风险评价和管理能力，提高信用评级的风险揭示能力，要求信用评级机构对将要到来的违约情况进行预测并提前做出风险判断。《通知》指出，受评经济主体债券违约后，信用评级机构要及时评估本机构所评其他债项的信用等级，并对受评经济主体的可持续经营能力、融资及偿债能力等情况进行持续跟踪。同时，信用评级机构要不断完善以违约率为核心的评级质量检验体系，提升信用评级预测的准确性和前瞻性，这显示出我国债券市场对评级机构评级技术要求愈发严格。

（5）依法监管和处罚力度的不断加大。

由于信用评级行业在推动经济高质量发展过程中发挥了重要作用，我国对信用评级行业的监管日益严格。2019年11月26日，中国人民银行、国家发展和改革委员会、财政部、中国证券监督管理委员会发布《信用评级业管理暂行办法》（以下简称《办法》），从信用评级机构管理、信用评级从业人员管理、信用评级程序及业务规则、评级机构独立性、信息披露、监督管理、法律责任等方面对信用评级行业的管理进行了详尽的规定。《办法》指出，为推动信用评级行业的高质量发展，需要市场约束和法律约束共同作用，并对信用评级行业进行全方位监管，因此《办法》在提出推动行业良性竞争、提高职业道德和业务水平的同时，规定了行政处罚的具体细则。同时，《办法》明确了评级行业的监管框架，强调行业主管部门（中国人民银行）与各业务管理部门（国家发展和改革委员会、财政部、中国证券监督管理委员会）应"建立部际协调机制""共同加强监管"，即确立了各大部委对评级行业的联合监管模式，能够充分适应国内评级行业特殊发展的状况。自此，我国信用评级行业的上位法最终确立。

在监管趋严的形势下，评级机构受到处罚，我国评级行业或将酝酿着业界"大洗牌"，或将存在着潜在的重大变革。2018年，中国证券监督管理委员会和交易商协会首度对信用评级机构开展联合现场检查，并开出了有史以来力度最大的罚单。2020年12月18日和12月29日，交易商协会分别对东方金诚国际信用评估有限公司和中诚信国际信用评级有限责任公司处以暂停业务3个月的警告处罚，这充分体现出在我国评级行业竞争日趋激烈和违约常态化的背景下，评级行业监管趋严，惩罚力度有所加强。而将处罚期定为3个月，或将意味着对评级机构的处罚转为常态化，体现出监管对评级结果不客观、不合理，评级机构风险监测不到位的零容忍，倒逼评级机构提升评级质量，完善评级方法和技术，从而促使我国评级行业走上高质量发展的道路。

五、高质量发展期（2021年至今）

2020年12月，中国人民银行组织召开信用评级行业发展座谈会。会上指出，信用评级是债券市场的重要基础性制度安排，关系到资本市场健康发展大局。近年来，我国信用评级行业在统一规则、完善监管、对外开放等方面取得长足进步，但也存在评级虚高、区分度不足、事前预警功能弱等问题，制约了我国债券市场的高质量发展。会上强调，中国人民银行将会同相关部门共同加强对债券市场评级行业的监督管理，强化市场纪律，推动优化我国评级技术、提高评级质量，提升信用等级区分度，进一步推动评级监管统一，真正发挥评级机构债券市场"看门人"的作用，以促进评级行业的高质量健康发展。

（一）强制评级要求取消，信用评级业务规模收缩

2021年8月11日，中国人民银行发布公告，称为进一步提升市场主体使用外部评级的自主性，推动信用评级行业的市场化改革，决定试点取消非金融企业债务融资工具发行环节信用评级的要求。之后，交易商协会于8月13日发布《关于取消非金融企业债务融资工具信用评级要求有关事项的通知》，规定在试点期间取消强制评级要求，进一步降低评级依赖，将企业评级选择权完全交予市场决定。从信用评级机构的业务规模来看，2019—2022年，主要信用评级机构承揽债券产品的年均总量约为10903只，2020年承揽量最多，达到14119只，之后两年呈下降趋势，2023年承揽量有所回升，如图4-1所示。

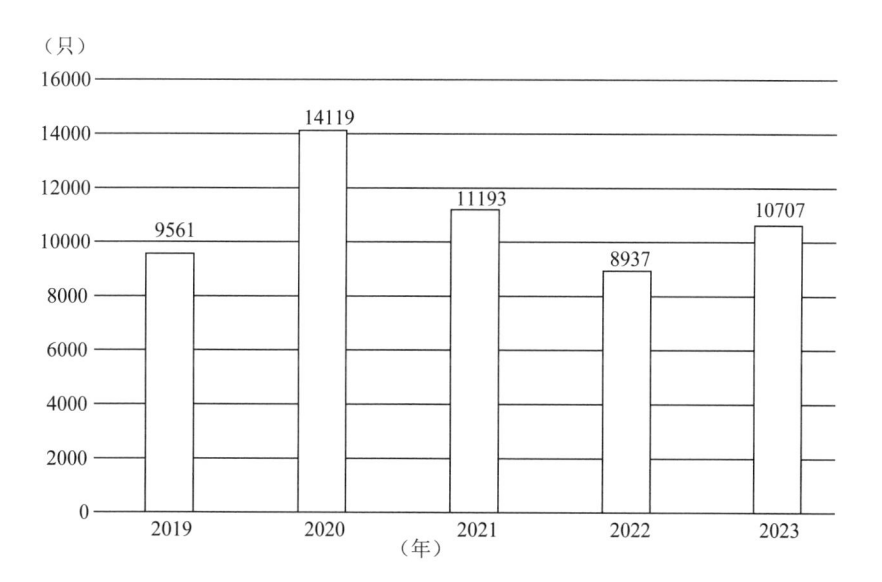

资料来源：2019—2023年债券市场信用评级机构运行及合规情况通报，大公国际整理。

图4-1 主要信用评级机构承揽债券产品数量

（二）新券种持续稳定扩容

1. 绿色债券业务规则不断完善

2022年6月，上海证券交易所发布规则指引规定了绿色债券的发行条件，7月交易商协会发布政策明确了绿色债券的四项核心要素，9月深圳证券交易所发布业务指引，其中绿色债券发行规则有所变更，标准与国际趋同。2023年10月20日，上海、深圳、北京三大证券交易所同时发布专项品种公司债券上市审核规则指引，对包括低碳转型公司债券在内的10种专项品种公司债券的上市规则进行修订，其中上海证券交易所规定低碳转型公司债券募集资金后投向低碳转型领域的金额一般不应低于募集资金总额的70%，并详细规定了低碳转型领域范畴和资金投入方式，深圳证券交易所和北京证券交易所也进行了类似规定，这为低碳转型公司债券的有序发展提供了政策基础。2024年1月11日，《中共中央 国务院关于全面推进美丽中国建设的意见》（以下简称《意见》）发布，特别指出要大力发展绿色金融，支持符合条件的企业发行绿色债券，引导各类金融机构和社会资本加大投入，探索区域性环保建设项目金融支持模式，稳步推进气候投融资创新，为美丽中国建设提供融资支持。《意见》的发布将引导资金流向绿色金融市场，有助于催生环保建设浪潮，推动经济的绿色化发展进程和区域经济的绿色发展。

2. 其他债券创新品种持续扩容

2022年6月，上海证券交易所发布的规则指引中提及10种新券种，新增低碳转型公司债；2023年7月，交易商协会推出混合型科创票据，为债券市场带来发行人收益与债券利率挂钩、转股权等创新尝试；2023年10月，上海、深圳、北京三大证券交易所同时出台专项品种公司债上市审核规则指引，对10项新型券种的上市审核规则进行修订，并剔除了创新创业公司债券、疫情防控公司债券，新增了科技创新公司债券、中小微企业支持债券。此外，各国家部门还发布了关于新券种的多项政策，主要涉及能源电子、污水垃圾、绿色环保、易地扶贫、供应链金融、交通物流、"三农"、数字化发展、新能源汽车、充电基建、农村电网、水网水利、光伏风电、算力等诸多领域。

从近年来新券种的发行可以看出国家发展战略和当务之急。2021年新券种扩容到15种以上，其中碳中和债与乡村振兴债的市场表现良好；2022年新券种再度扩容，其中科创票据市场表现良好；2023年新券种相关政策供给丰富，既包括绿色债、碳中和债、科技创新债等发行量较高的新券种，又包括转型债券、民营企业增信等短板弱项。新券种在服务发行人切实需求上的目的性和精准度得到了更广泛的认可。

（三）企业债发行审核职责划转

根据2023年4月21日中国证券监督管理委员会、国家发展和改革委员会发布的《关于企业债券发行审核职责划转过渡期工作安排的公告》可知，中央国债登记结算有限责任公司自2023年10月20日17时起，不再受理企业债券项目，上海证券交易所、深圳证券交易所、北京证券交易所自 2023 年 10 月 23 日 9 时起开始负责企业债券受理工作，同时取消企业债券的原预约申报环节。

2023 年 10 月 20 日，中国证券监督管理委员会发布经委务会议审议通过的《公司债券发行与交易管理办法（2023）》，明确将企业债券总体纳入公司债券监管框架，并结合企业债特点完善信息披露等方面的监管要求，至此过渡期结束，企业债的发行审核职责由国家发展和改革委员会有序过渡到中国证券监督管理委员会。同日，上海证券交易所、深圳证券交易所、北京证券交易所分别发布专项品种公司债券上市审核规则指引，将企业债券全面纳入公司债券法规制度体系。这次构建的统一公司（企业）债券监管制度规则体系，进一步提升了公司（企业）债券制度规则体系的系统性、规范性和透明度；有利于强化市场监管和投资者保护；有利于降低债券交易成本和债券融资成本；有利于推动企业债与公司债的协同发展；有利于持续优化债券市场结构，促进债券市场高质量发展，从而更好地服务于国家战略和实体经济。

（四）金融强国建设需要高质量债券市场的支持

2021 年 8 月 6 日，中国人民银行等五部委发布《关于促进债券市场信用评级行业健康发展的通知》（以下简称《通知》），从"加强评级方法体系建设，提升评级质量和区分度；完善信用评级机构公司治理和内部控制机制，坚守评级独立性；加强信息披露，强化市场约束机制；优化评级生态，营造公平、公正的市场环境；严格对信用评级机构监督管理，加大处罚力度"五个方面着手，规范了信用评级行业发展，促进了评级质量和竞争力的提升。《通知》于 2022 年 8 月 6 日起开始正式施行。

2023 年 10 月 30 日至 10 月 31 日在北京召开的中央金融工作会议首次提出"要加快建设金融强国""坚定不移走中国特色金融发展之路，加快建设中国特色现代金融体系"，我国已经进入从经济大国到经济强国的转变进程，需要金融领域给予支撑。本次会议部署了未来金融工作发展的重点方向，强调要实现债券市场的高质量发展。高质量债券市场的重要标志之一是具有良好的流动性和信用风险预警功能，这要求信用评级机构提升评级理念，夯实评级技术与方法，建立以违约率为核心的评级质量验证机制，更好地发挥信用评级风险揭示和风险定价功能，从而进一步完善资本市场功能，提高直接融资比重，助力实现经济高质量发展。

第三篇

国内外信用评级行业的发展现状

第五章　国际信用评级行业发展现状

国际信用评级市场目前仍被三大国际评级机构占据，寡头垄断的市场竞争格局为其主要的市场特征，受三大评级机构的经营业态影响，评级机构经营业态较为丰富，市场拉动向技术驱动特征转化较为显著，金融科技力量成为评级机构未来转型升级的主要竞争力，国际评级行业金融监管持续趋严，造成评级机构营业成本持续上升，但有利于国际评级行业的健康发展。

一、寡头垄断的市场竞争格局

近年来，美国三大评级机构在评级市场的占有率逐年降低，但仍保持在95%以上的高位，三大评级机构在欧洲评级市场的占有率也逐年降低，保持在90%以上。标普、穆迪、惠誉在全球评级市场的寡头垄断地位极为显著，对其他评级机构的生存环境造成一定压力。

(一) 美国市场寡头垄断格局

1. 美国 NRSROs 的基本情况

《1934年证券交易法》第3(a)(62)章对 NRSROs 进行了定义,即按照第 15E 注册,且通过了合格机构购买者认证的信用评级机构。NRSROs 包含以下几个评级类别:(i) 金融机构、经纪人或证券商;(ii) 保险公司;(iii) 公司发行人;(iv) 资产支持证券(该术语在 17 CFR 229.1101 (c) 中定义) 发行人;(v) 政府证券发行人、市政证券发行人或由一个外国政府发行的证券发行人;或上述(i)至(v) 中描述的一个或多个债务人的组合。

截至 2023 年 12 月 31 日,NRSROs 有 10 家,已注册的信用评级机构名称、注册评级类别、首次注册日期以及它们的总部所在地如表 5-1 所示。

表 5-1 截至 2023 年 12 月末 NRSROs 名单

NRSROs	信用评级类别	总部
A.M. Best Rating Services, Inc. (AMB)	类别 (ii)(iii) 和 (iv)	美国
Dominion Bond Rating Service Inc. (DBRS)	类别 (i) ~ (v)	美国
Demotech, Inc. (Demotech)	类别 (ii)	美国
Egan-Jones Ratings Company (EJR)	类别 (i) ~ (iii)	美国
Fitch Ratings, Inc. (Fitch)	类别 (i) ~ (v)	美国

(续表)

NRSROs	信用评级类别	总部
HR Ratings de México, S.A. de C.V.（HR）	类别（i）(iii) 和（v）	墨西哥
Japan Credit Rating Agency, Ltd.（JCR）	类别（i）(ii)(iii) 和（v）	日本
Kroll Bond Rating Agency, LLC（KBRA）	类别（i）～（v）	美国
Moody's Investors Service, Inc.（Moody's）	类别（i）～（v）	美国
S&P Global Ratings（S&P）	类别（i）～（v）	美国

资料来源：SEC，大公国际整理。

从注册信息来看，在 10 家 NRSROs 当中，总部设在美国的信用评级机构有 8 家，设在墨西哥的 1 家，设在日本的 1 家。值得注意的是，2019 年 7 月 2 日，NRSROs 成员 Morningstar, Inc（Morningstar 评级的母公司）完成了对 DBRS 的收购，并将 Morningstar 划入 DBRS，故自 2020 年起，Morningstar 评级为 DBRS 的附属公司在 SEC 报备。此外，2022 年 7 月 11 日，SEC 正式批准 Demotech 的申请，准许其注册成为 NRSRO，注册的评级类型为第 2 类（保险公司评级）。至此，美国的 NRSROs 仍为 10 家。根据各评级机构收入情况，SEC 将标普、穆迪、惠誉归类为"大型 NRSROs"，将 AMB、DBRS 和 KBRA 归类为"中型 NRSROs"；将 Demotech、EJR、HR、和 JCR 归类为"小型 NRSROs"。

2. 从美国市场信用评级机构的评级数量分析竞争特征

根据 2006 年信用评级机构改革法案的要求，SEC 每年都需要向国会提交 NRSROs 年度报告。在 NRSROs 年度报告中，披露了当年每家 NRSROs 的有效信用评级数量，按评级类别分为金融机构、保险公司、公司发行人、资产支持证券和政府证券。以 NRSROs 上报的 2019—2022 年有效的信用评级数量为基础，可计算当年 NRSROs 市场份额。在 10 家 NRSROs 中，2022 年标普、穆迪、惠誉三大评级机构的市场份额分别为 50.09%、31.59% 和 12.32%，三者近三年在美国评级市场的占有率均保持在 90% 以上，寡头垄断地位非常明显。表 5-2 为美国 NRSROs 市场占有率。

表 5-2 美国 NRSROs 市场占有率　　　　单位：%

NRSROs	2019 年	2020 年	2021 年	2022 年
S&P	50.12	50.42	50.41	50.09
Moody's（MIS）	31.96	31.73	31.58	31.59
Fitch	13.05	12.58	12.43	12.32
三大评级机构合计	95.13	94.73	94.42	94.00
DBRS	2.71	2.89	2.85	2.94
KBRA	0.67	0.76	1.39	1.62
EJR	0.84	0.96	0.65	0.72
AMB	0.38	0.39	0.38	0.39
JCR	0.2	0.20	0.21	0.22

（续表）

NRSROs	2019 年	2020 年	2021 年	2022 年
HR	0.05	0.05	0.06	0.07
Demotech[①]	—	—	—	0.02

资料来源：NRSROs 年度报告，大公国际整理。

3. 不同国际评级机构在美国市场的业务结构性特征

在不同业务中，三大评级机构合计市场占有率存在差异。例如，在政府债券中，三大评级机构占据了绝对的话语权，2022 年份额达 97.38%，但是在保险公司中，三大评级机构的市场占有率仅为 58.94%，远低于其他类别，美国安博公司（AMB）则在保险公司类别中拥有最高的市场占有率，为 33.84%。

三大评级机构在不同业务类型中也各有侧重。标普在除保险公司和资产支持证券外的所有业务种类中都占有最高的市场占有率，其中政府债券的占有率超过 50%，而在保险公司和资产支持证券相关业务中的市场占有率分别为 31.77% 和 22.79%，均位居第二，分别低于 AMB 和穆迪。穆迪在资产支持证券业务中占据主导地位，而惠誉的各业务类型占比较为均衡。截至 2022 年末的存量评级数量见表 5-3。

表 5-3 截至 2022 年末的存量评级数量 单位：只

NRSROs	金融机构	保险公司	公司发行人	资产支持证券	政府债券	所有评级
S&P	56773	6924	55009	37338	908740	1064784
Moody's	35643	2702	32554	51826	548837	671562
Fitch	33890	3219	20485	34091	170291	261976
以上合计	126306	12845	108048	123255	1627868	1998322
DBRS	8179	190	2515	18712	33009	62605
KBRA	1880	219	527	21830	9898	34354
EJR	6020	626	8673	N/R	N/R	15319
AMB	N/R	7373	979	7	N/R	8359
JCR	923	99	3296	N/R	369	4687
HR	810	N/R	597	N/R	452	1859
Demotech	N/R	439	N/R	N/R	N/R	439
所有评级合计	144118	21791	124635	163804	1671596	2125944

注：N/R 指评级机构（截至报告期）未被认证可开展此类业务。

资料来源：2023 年 NRSROs 年度报告，大公国际整理。

截至 2022 年末，标普、穆迪和惠誉非政府债券评级量的市场占有率分别为 34.34%、27.01% 和 20.18%，其次为 DBRS（Dominion Bond Rating Service）、KBRA（Kroll Bond Rating Agency）和 EJR（Egan-Jones Ratings Company），分别为 6.51%、5.38% 和 3.37%，其他机构

除 AMB 外份额均低于 1%。截至 2022 年末的存量评级份额如表 5-4 所示。NRSROs 非政府债券存量评级市场份额如图 5-1 所示。

表 5-4 截至 2022 年末的存量评级份额　　　　单位：%

NRSROs	金融机构	保险公司	公司发行人	资产支持证券	政府债券	所有评级
S&P	39.39	31.77	44.14	22.79	54.36	50.09
Moody's	24.73	12.40	26.12	31.64	32.83	31.59
Fitch	23.52	14.77	16.44	20.81	10.19	12.32
以上合计	87.64	58.94	86.70	75.24	97.38	94.00
DBRS	5.68	0.87	2.02	11.42	1.97	2.94
KBRA	1.30	1.01	0.42	13.33	0.59	1.62
EJR	4.18	2.87	6.96	—	—	0.72
AMB	—	33.84	0.79	0.00	—	0.39
JCR	0.64	0.45	2.64	—	0.02	0.22
HR	0.56	—	0.48	—	0.03	0.09
Demotech	—	2.01	—	—	—	0.02

注：N/R 指评级机构（截至报告期）未被认证可开展此类业务。

资料来源：2023 年 NRSROs 年度报告，大公国际整理。

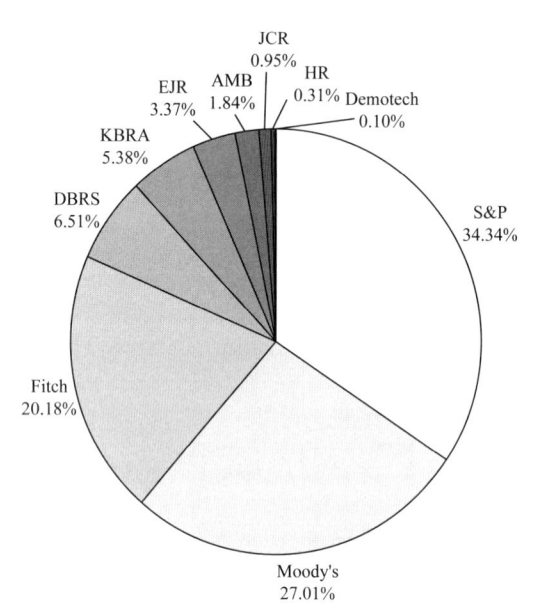

JCR 0.95%
HR 0.31%
Demotech 0.10%
AMB 1.84%
EJR 3.37%
KBRA 5.38%
DBRS 6.51%
Fitch 20.18%
Moody's 27.01%
S&P 34.34%

☐ S&P ☐ Moody's ☐ Fitch ☐ DBRS ☐ KBRA ☐ EJR ■ AMB ■ JCR ■ HR ■ Demotech

资料来源：2023年NRSROs年度报告，大公国际整理。

图 5-1　NRSROs 非政府债券存量评级市场份额

4. 从美国市场评级机构的营业收入看竞争特征

SEC 在 NRSROs 年度报告中披露了 NRSROs 的收入占比，2019—2022 年，标普、穆迪和惠誉三大评级机构的收入占比虽有波动（表 5-5），但仍保持在 90% 以上，充分体现了三大评级机构在美国评级市场的寡头垄断特征。

虽然美国评级市场的寡头垄断特征依然明显，但近年受宏观环境的变化影响，美国评级市场格局逐渐发生变化调整，见表5-5。2022年，在市场环境持续动荡和美联储一系列操作的背景下，多种类型的债券发行量下降，穆迪和标普的营业收入同比降幅均超25%，因此，国际三大评级机构收入占比出现明显下滑。最新的监管文件也显示2023年上半年穆迪和标普的营业收入依然呈现出不同程度的下降，主要是受到宏观经济不确定、借款成本上升和国际局势动荡等因素的影响。

表5-5　NRSROs 2019—2022财年收入占比　　　　单位：%

NRSROs	2019年	2020年	2021年	2022年
三大NRSROs	93.3	94.1	93.2	91.1
其他NRSROs	6.7	5.9	6.8	8.9

资料来源：2023年NRSROs年度报告，大公国际整理。

（二）欧盟市场的寡头垄断格局

根据欧洲央行的数据，截至2022年4月，欧元区存量债券余额约20.46万亿欧元，也是美国三大评级机构较早介入的债券市场。同时，2008年次贷危机引发欧洲主权债务危机后，欧盟启动信用评级机构监管立法工作，加强对欧盟区域内从事信用评级的机构进行监督和管理。

1. 欧盟信用评级机构数量和注册信息

截至2023年3月27日，欧盟证券与市场管理局（ESMA）共有

26家注册的信用评级机构和3家认证的信用评级机构。欧盟注册和认证的信用评级机构清单见表5-6。

表5-6 欧盟注册和认证的信用评级机构清单

序号	信用评级机构	驻在国	状态	注册生效日
1	Japan Credit Rating Agency Ltd.	日本	认证	2011年1月6日
2	BCRA-Credit Rating Agency AD	保加利亚	注册	2011年4月6日
3	Creditreform Rating AG	德国	注册	2011年5月18日
4	Scope Ratings GmbH	德国	注册	2011年5月24日
5	ICAP CRIF S.A.	希腊	注册	2011年7月7日
6	GBB-Rating Gesellschaft für Bonitätsbeurteilung GmbH	德国	注册	2011年7月28日
7	ASSEKURATA Assekuranz Rating-Agentur GmbH	德国	注册	2011年8月18日
8	ARC Ratings, S.A.	葡萄牙	注册	2011年8月26日
9	A.M. Best (EU) Rating Services B.V.	荷兰	注册	2018年12月3日
10	DBRS Ratings GmbH	德国	注册	2018年12月14日
11	Fitch	爱尔兰	注册	2011年10月31日

（续表）

序号	信用评级机构	驻在国	状态	注册生效日
12	Moody's	塞浦路斯、德国、西班牙、法国、意大利	注册	2011年10月31日
		瑞典		2018年8月13日
13	Standard & Poor's	爱尔兰	注册	2011年10月31日
14	CRIF Ratings S.r.l.	意大利	注册	2011年12月22日
15	Capital Intelligence Ratings Ltd.	塞浦路斯	注册	2012年5月8日
16	Cerved Rating Agency S.p.A.	意大利	注册	2012年12月20日
17	EuroRating Sp. z o.o.	波兰	注册	2014年7月5日
18	HR Ratings de México, S.A. de C.V. (HR Ratings)	墨西哥	认证	2014年11月7日
19	Egan-Jones Ratings Co.(EJR)	美国	认证	2014年12月12日
20	modeFinance S.r.l.	意大利	注册	2015年7月10日
21	Kroll Bond Rating Agency Europe Limited	爱尔兰	注册	2017年11月13日
22	Nordic Credit Rating AS	挪威	注册	2018年8月3日
23	Inbonis SA	西班牙	注册	2019年5月27日

资料来源：ESMA，大公国际整理。

虽然，从数量上来看，欧盟本土信用评级机构远远超过以标普、穆迪和惠誉为主的非欧盟本土信用评级机构，但其在市场占有率及评级话语权上仍处于劣势地位。与美国市场的寡头垄断格局相似，国际三大评级机构在欧盟信用评级市场也占据垄断地位。

针对欧盟本土机构在市场竞争力和话语权处于弱势的现象，欧盟对本土中小评级机构的倾斜政策也不少。ESMA 每年公布注册类信用评级机构市场份额，鼓励发行人采用双评级制度时选择至少一家市场份额小于 10% 的评级机构，若发行人不采用这项建议，则需要向 ESMA 报备。同时，在考虑增加评级机构市场多样性时，欧盟提出了评级机构市场的轮换机制。此外，ESMA 也会为中小型信用评级机构组织一系列探讨会，依据 ESMA 的风险控制监管框架就中小型信用评级机构的风险评估领域进行讨论。

2. 从欧盟债券市场信用评级机构的营业收入分析竞争特征

ESMA 每年发布《信用评级机构市场占有率报告》，以各评级机构（集团层面）上报的每年在欧盟地区提供信用评级服务和相关辅助服务收到的营业收入为基础，统计了信用评级行业的市场占有率情况。在注册类信用评级机构中，国际三大评级机构处于垄断地位，2022 年三大机构的市场占有率合计为 92.97%，标普、穆迪和惠誉的占有率分别为 50.13%、32.79% 和 10.05%。其中，标普、惠誉的市场占有率略有下滑，而穆迪的市场占有率有所上升。其他欧盟信用评级机构的市场占有率仅有 6.97%，同比略有下降。ESMA 信用评级机构业务范围及近两年的市场份额见表 5-7。

表 5-7　ESMA 信用评级机构业务范围及近两年的市场份额

序号	信用评级机构	企业：非金融	企业：金融	企业：保险	主权和公共融资	结构融资	市场份额（%）2021 年	市场份额（%）2022 年
1	S&P Global Ratings	√	√	√	√	√	51.17	50.13
2	Moody's Investor Service	√	√	√	√	√	30.12	32.79
3	Fitch Ratings	√	√	√	√	√	10.30	10.05
4	DBRS Ratings	√	√	√	√	√	1.11	1.31
5	Scope Ratings	√	√	√	√	√	1.00	1.31
6	Scope Hamburg	√				√	0.23	
7	Cerved Rating Agency	√					1.18	1.03
8	Kroll Bond Rating Agency Europe	√	√	√	√	√	0.45	0.37
9	Qivalio	√					0.18	0.34
10	EthiFinance Ratings	√	√	√	√	√	0.24	
11	CRIF Ratings	√				√	0.27	0.48
12	ICAP CRIF	√				√	0.41	
13	ModeFinance	√					0.33	0.42

（续表）

序号	信用评级机构	能提供的信用评级					市场份额（%）	
		企业：非金融	企业：金融	企业：保险	主权和公共融资	结构融资	2021年	2022年
14	AM Best Europe-Rating Services	√		√		√	0.41	0.36
15	GBB-Rating	√	√				0.38	0.33
16	CreditReform Rating	√	√		√	√	0.84	0.38
17	ASSEKURATA			√			0.27	0.25
18	Capital Intelligence Ratings	√	√				0.16	0.11
19	Nordic Credit Rating AS	√	√				0.06	0.11
20	ARC Ratings	√	√	√	√	√	0.19	0.07
21	Inbonis	√					0.03	0.06
22	BCRA Credit Rating Agency	√	√	√	√		0.03	0.03
23	EuroRating	√	√	√			0.01	0.01

资料来源：ESMA，大公国际整理。

（三）国际市场的寡头垄断格局

从美国、欧盟信用评级市场的占有率可以看出，信用评级行业普遍存在寡头垄断的现象，且已形成了以标普、穆迪、惠誉为主导的稳定的竞争结构。从评级机构数量上来看，在各个国家、区域获得信用评级资质的信用评级机构数量均有限，美国仅有 10 家 NRSROs，而欧盟虽然数量多于美国，但注册认证的信用评级机构也并未超过 30 家。从业务数量、营业收入等来看，全球评级业务基本集中在标普、穆迪和惠誉三大信用评级机构，它们在美国和欧盟的市场占有率基本保持在 90% 以上。

在总体垄断的情况下，信用评级行业在不同国家、区域还具有一定的结构特征。在美国，标普在除保险公司和资产支持证券外的所有业务种类中都占有最高的市场占有率，其中政府债券的占有率超过 50%，而 A.M.Best 在保险公司业务中的市场占有率超过三大评级机构，占据了 33.84% 的市场。在欧盟，三大评级机构在各类业务中都处于寡头垄断地位，所有业务中超过一半发行规模的债项由三大评级机构进行评级；小型信用评级机构中，Scope Ratings 在非金融机构、主权和公共融资中有一定的市场地位，DBRS 在资产支持证券中有一定的市场地位，Creditreform 是一家成立于 1879 年的信用风险管理机构，在金融机构类债券中有一定的市场地位。

国际三大评级机构在近百年的发展中，凭借不断积累评级经验、提高评级技术、完善评级方法，信用评级结果在历史违约风潮中得到市场的验证和认可。同时，三大评级机构的金融市场话语权与国际影响力随着美元的强势崛起、华尔街国际金融中心的建立以及本土企业的海外发展而走向国际。国际三大评级机构凭借强大的资本实力，依赖已建立起来的国际声誉，或独资或兼并的方式迅速进入国际市场，业务范围已经拓展到了亚洲、拉丁美洲、非洲和中东等地区，并占领市场份额，保持了国际话语权。除了信用评级业务外，三大评级机构均布局了信息服务业务，提升了投资者服务水平和竞争实力。预计在未来很长的一段时间内，国际三大评级机构都将继续保持寡头垄断地位。

二、"评级＋非评级"的多业态模式

从国际评级机构的业务模式来看，"评级＋非评级"组合的多业态经营模式较为普遍。近年，由于宏观经济波动、融资成本升高以及国际局势动荡等因素，除惠誉未披露业绩以外，标普和穆迪的评级业务收入均有下降，而非评级业务板块表现出良好的对冲效果。以下将以三大评级机构为例，分别论述其业务模式。

（一）标普的业务与收入

基于标普全球披露的年报来看，2022年，标普全球旗下分为六大业务板块：标普评级、标普财智、标普指数、标普大宗商品洞察、标普汽车和标普工程。近年，各业务板块对标普全球的收入贡献如表5-8所示。

表 5-8　标普全球 2020—2022 年收入结构

收入结构（亿美元）		2020 年	2021 年	2022 年
标普评级	交易收入	19.69	22.53	12.41
	非交易收入	16.37	18.44	18.09
标普财智		21.06	22.47	38.11
标普指数		9.89	11.49	13.39
标普大宗商品洞察		8.78	9.50	16.85
标普汽车		—	—	11.42
标普工程		—	—	3.23
合并抵消		−1.37	−1.46	−1.69
总收入		74.42	82.97	111.81
评级业务收入占比		48.45%	49.38%	27.28%
非评级业务收入占比		51.55%	50.62%	72.72%

资料来源：S&P Global Inc. 年度报告。

1. 标普评级

标普评级曾多年作为标普全球的主要收入来源，包括向发行人收取的信用评级费（交易收入），以及对投资人、发行人以及其他市场参与人提供的调研和信用分析成果服务费（非交易收入）。具体来看，交易收入是针对客户发行的融资工具而分类的，主要包括：①与新发行的公司和政府相关的评级债务工具，以及结构性金融工具；②银行贷款评级。非交易收入主要与信用等级监测、会员制年费、主体信用评级费用以及全球研究和分析等相关费用有关，同时，非交易收入还包括标普评级向标普财智收取的信用评级相关的使用与发布权费用，2020—2022年分别有1.43亿美元、1.36亿美元和1.28亿美元。

2022年，标普评级业务收入同比下降26%，其中3%由外汇波动引起。交易收入的下降主要是由于不利的宏观经济条件下高收益和投资级债券发行量、银行贷款评级收入和美国抵押贷款义务（CLOs）发行量均下滑。非交易收入下降2%，主要是由外汇汇率的不利影响、主体信用评级收入的下降以及并购活动减少导致的评级评估服务（RES）收入下降导致，而CRISIL子公司收入的增加和监测收入的增加抵消了一部分影响，在剔除3%的汇率影响下，非交易收入增长1%。

2. 标普财智

标普财智是标普全球的另一重要传统业务板块，是标普全球从成立之初即开始从事的业务。标普财智以全球多类资产、多个领域的数据分析和市场研究为主，服务对象包括大学、商业银行、企业、政府和监管机构、保险公司、投资银行、私人企业等，致力于使全球资本市场更加公开透明、市值增长和价值创造提供服务。标普财智主要有四大核心产品：桌面终端、数据管理解决方案、企业管理解决方案和信用风险解决方案。桌面终端（Desktop）是标普财智推出的一套专门为全球金融领域提供数据分析和第三方研究的产品，是囊括标普资本IQ Pro、资本IQ、办公和移动产品的资本IQ平台；数据管理解决方案是一套一体化的实时数据源和数据应用程序接口，可以提供公共和私人资本市场的研究、参考数据、市场数据、衍生分析和估值服务；企业管理解决方案是为客户提供企业管理和分析数据、企业识别风险、降低成本，同时满足全球监管要求的软件和工作流解决方案；信用风险解决方案是标普财智提供其信用评级业务的评级级别和相关数据、分析和研究结论，主要包括 RatingsDirect®、RatingsXpress® 和信用分析等产品。

标普财智的收入分为订阅收入和非订阅收入，其中订阅收入主要来自数据发布、分析、第三方研究和信用评级相关信息，也包括软件和自主产品的使用和服务费；非订阅收入主要与咨询、定价和分析服务有关。2022 年，标普财智收入同比大幅增长 70%，主要来自出售部分业务带来的收益。2022 年 6 月，标普财智完成向晨星出售其 Leveraged Commentary and Data（LCD）业务的交易，LCD 业务的出售在 2022 年合并报表中记录了 5.05 亿美元的税前处置收益（税后 3.78 亿美元）。2022 年 3 月，标普财智完成向 FactSet Research Systems Inc. 出售其 CUSIP Global Services（CGS）业务的交易，收购价格为 19.25 亿美元，经调整后，在 2022 年合并报表中记录了 13.42 亿美元的税前处置收益（税后 10.05 亿美元）。

标普全球的收入结构里，有一部分为抵消收入，是指由标普评级向标普财智收取的信用评级相关信用的使用与分发权。标普评级积累的客户群、评级数据以及评级过程中的风险挖掘为标普财智提供了庞大的数据和信息基础，为财智旗下的各类产品提供了基础性资料，而同时标普财智收集的数据对标普评级形成反哺，为其评级验证提供了更多信息支撑。

标普财智的竞争对手从老牌公司到新晋的具有颠覆性的公司，其在市场上的竞争基于许多因素，包括数据的质量和范围、分析能力、研究服务、客户服务、声誉、价格、地理范围和技术创新。近年，标普财智持续在有发展潜力的领域推陈出新，例如 ESG 相关的产品。

标普财智的投资咨询业务，根据 1940 年《美国投资顾问法》（以下简称《投资顾问法》）和 / 或州或其他法律在美国受监管。标普财智在英国的业务受英国金融行为管理局（FCA）授权和监管。因此，此业务有权就投资进行安排和建议，并有权行使 passport 权利，向其他欧洲经济区（EEA）国家提供指定的跨境服务，并满足欧盟金融工具市场指令（MiFID）规定的条件。此外，近年美国、欧盟和英国在隐私及数据保护方面的监管趋严，例如，欧盟于 2022 年 12 月通过了《数字运营弹性法案》（以下简称《DORA 法案》）并将于 2025 年 1 月底实施。《DORA 法案》将运营弹性和网络安全标准和义务施加于（i）许多标普财智的金融市场客户，以及（ii）可能会被欧盟认定为"关键第三方提供商"的信息和通信技术提供商。由于考虑到这些客户可能希望将这些义务转嫁至标普财智或标普财智有可能被认定为"关键第三方提供商"，《DORA 法案》对标普财智的影响或较大。

3. 标普指数

标普指数是标普全球开发的用以满足投资人需求的各类估值和指数基准。指数业务也是标普全球的传统业务之一，标普指数旗下最为著名的指数产品为道琼斯平均工业指数和标普 500 指数，在 100 多年的发展过程中，标普指数始终保持产品的创新和研发。2022 年标普指数收入增长 17%，主要是由于更高波动性使得衍生品平均交易量增加、共同基金的平均资产管理水平提高、数据订阅收入增加以及与 IHS Markit 合并的影响。2022 年末交易所交易基金（Exchange Traded Fund，ETF）资产管理规模为 2.601 万亿美元。不包括与 IHS Markit 合并相关的资产管理规模，与 2021 年相比，ETF 的期末资产管理规模下降了 12%，至 2.466 万亿美元，ETF 的平均资产管理规模增长了 5%，至 2.526 万亿美元。汇率的不利影响不到 1 个百分点。

指数主要收入来源为资产相关费用，这类费用的收取是基于出售标准普尔和道琼斯指数的使用权以及指数相关订阅物的收入与销售。具体而言，指数收入的主要来源包括：投资工具——与资产挂钩的费用，例如 ETF 和共同基金，基于标准普尔道琼斯指数基准并通过基于资产和基础资金；交易所交易的衍生产品——基于销售使用情况生成基于衍生品合约交易量的特许权使用费在各种交易所上市；指数相关的授权费——固定或可变的年度和场外衍生工具的按发行资产挂钩费用和零售结构产品；数据和定制索引订阅费用——费用来源于支持指数基金管理、投资组合分析和研究等。

指数业务受市场波动性影响较大，市场竞争较为激烈，市场竞争要素较多，除常规的产品质量、价格、服务、品牌等因素外，指数业务还受到资本市场波动影响，投资方式的转变等也会影响到指数相关的投资产品的投资决定。根据标普全球年报披露，标普指数的未来发展更关注高增长领域，例如多资产分析类要素以及主题指数等。

4.标普大宗商品洞察

标普大宗商品洞察是标普全球创建的全球大宗商品和能源市场信息和基准价格评估服务，主要提供全球商品价格数据、分析和产业预测。该业务自 1909 年创立以来，至今已有超过 100 年的历史，其服务的目的是使商品交易信息更加清晰、透明。标普大宗商品洞察的业务线包括能源和资源数据与见解、价格评估、上游数据与见解、咨询和交易服务，服务形式主要包括实时新闻、市场报告、市场分析、价格评估以及基础数据等。

标普大宗商品洞察的收入来源主要包括：订阅收入，是指向客户提供与大宗商品和能源相关的产品定价评估、市场数据和实时新闻以及其他信息、软件服务所获取的费用；特许权使用费，主要是销售专有市场价格数据和商品交易的价格评估数据获得的许可使用费；非订阅收入，包括会议赞助、咨询活动与永久软件授权费等。2022 年，标普大宗商品洞察的业务收入同比增长 66%，主要是与财经信息服务提供商 IHS Markit 合并有关，客户对市场数据和市场分析产品的需求持续增加，以及与 2021 年的线上活动相比，2022 年 Commodity insights 会议的现场出席人数增加，会议收入增加。同时，能源与资源数据与分析、价格评估和上游数据与洞察业务仍然是最重要的收入驱动因素，其次是咨询与交易服务业务，该业务在 2022 年第一季度实现了大幅增长。

5. 标普汽车

标普汽车是一家领先的解决方案提供商，服务于整个汽车价值链，包括汽车制造商（OEM）、汽车供应商、移动服务提供商、零售商、消费者以及金融和保险公司，该业务于2022年2月28日因与IHS Markit合并而被收购。标普汽车在全球范围内运作，员工分布在17个以上的国家。

标普汽车的收入主要通过以下来源产生：订阅收入——标普汽车的核心信息产品是为所有全球原始设备制造商、大多数世界领先的供应商和大多数北美经销商提供关键信息和参考，业务覆盖新车和二手车市场，以及有关未来汽车销售和生产的数据和参考，包括对技术和汽车零部件的详细预测；为汽车制造商和经销商提供市场报告产品、预测分析和营销自动化软件，并为经销商提供车辆历史记录报告、二手车列表和服务保留解决方案。标普汽车还向金融机构出售一系列服务，以支持其营销、保险承保和索赔管理活动；非订阅收入——非周期性数据的一次性交易销售，通常与OEM营销支出或安全召回活动等基本业务指标以及咨询服务有关。

6. 标普工程

标普工程是一家领先的工程标准和相关技术知识提供商，该业务于2022年2月28日因与IHS Markit合并而被收购。工程解决方案包括产品设计工具，为技术专业人员提供更有效的设计产品、优化工程项目和成果、解决技术问题和解决复杂供应链问题所需的信息和见解。产品设计工具利用先进的知识发现技术、研究工具和基于软件的工程决策引擎来推进创新,最大限度地提高生产力,提高质量并降低风险。

工程解决方案的收入主要通过以下来源产生:订阅收入——主要来自订阅标普提供的标准、规范和细则,应用技术参考,工程期刊、报告、最佳操作和其他经过审查的技术参考;专利和专利申请,其中包括 Engineering Workbench;Goldfire 的认知搜索和其他高级知识发现功能,有助于准确定位企业系统和非结构化数据中隐藏的答案,能够提升工程师和技术人员解决问题的效率;非订阅收入——主要来自零售交易以及咨询服务。

(二)穆迪的评级与分析业务

穆迪主要分为穆迪投资者服务(Moody's Investors Service,MIS)和穆迪金融分析(Moody's Analytics,MA)两大板块。穆迪收入结构见表 5-9 所示。

表 5-9　穆迪收入结构　　　　　　　　　　　单位:亿美元

收入结构		2020 年	2021 年	2022 年
穆迪投资者服务	评级收入	32.45	37.70	26.53
	其他收入	0.47	0.42	0.46
穆迪金融分析		20.79	24.06	27.69
总收入		53.71	62.18	54.68

（续表）

收入结构	2020年	2021年	2022年
评级业务收入占比	60.42%	60.63%	48.52%
非评级业务收入占比	39.58%	39.37%	51.48%

资料来源：穆迪年报，大公国际整理。

MIS主要提供评级服务及部分非评级服务，其中评级业务包括各种公司和政府债务、结构性金融证券和商业票据计划的信用评级，评级结果以新闻稿形式通过各种印刷和电子媒体向公众发布，广泛用于证券交易商和投资者的互联网和实时信息系统。2022年，穆迪的评级业务收入为26.53亿美元，占穆迪总收入的48.52%。在评级业务收入中，公司金融收入为12.69亿美元，结构金融收入为4.62亿美元，金融机构收入为4.91亿美元，公共、项目和基础设施金融收入为4.31亿美元。MIS的非评级业务收入主要来源于亚太地区的ESG分析、数据和评估服务以及印度区域的信用评级和研究服务，占MIS总收入比重较高。

MA主要提供金融情报和分析服务，支持客户实现发展、提升效率和风险管理目标，该板块在过去十几年中不断发展，根据客户需求扩展了一系列业务，按时间线归纳为：2007—2016年，穆迪业务板块扩展至传统评级业务以外成立MA，主要服务于银行和保险公司进行风险评估，拓展经济数据和建模能力；2017—2022年，丰富产品内置数据量和分析功能，用企业信息补充风险管理类业务软件，加速拓展业务能力（例如，公司数据库、CRE数据、ESG数据、KYC套件），加强保险数据和分析能力，包括天气和灾害建模，即RMS；2023年及以后，定位为服务范围更广的风险评估市场。穆迪的竞争优势在于数据和分析的集成与专业知识和技术支持相结合；接下来，将继续提升 CRE、ESG、气候和 Cyber 等数据的分析功能，以服务于高增长风险评估用例。

（三）惠誉的四大板块业务

惠誉（Fitch Group）[①] 主要包括四大业务板块：惠誉评级、惠誉解决方案、惠誉培训和惠誉风投。

1. 惠誉评级（Fitch Ratings）

惠誉评级是领先的信用评级、评论和研究供应商。惠誉评级提供具有全球视野的评级服务，兼具丰富的当地市场经验和信用市场专长，致力于以独立和前瞻性的信用观点提供超越信用评级的价值。惠誉评级在全球设有 51 个分支机构，为超过 150 个国家和地区的资本市场提供信用评级服务。惠誉博华（Fitch Bohua）是惠誉评级的全资子公司，负责在中国开展评级业务。

2. 惠誉解决方案（Fitch Solutions）

惠誉解决方案是领先的洞察、数据和分析提供商，产品包括 BMI、CreditSights、dv01、惠誉学习和可持续惠誉，为投资战略提供信息，加强风险管理能力，并帮助识别战略机遇；同时，惠誉解

---

① 自 2017 年惠誉控股股东变为 Hearst 后，未公开披露过年报。

决方案也可以将惠誉评级研究与数据产品化后提供给客户。其中，BMI 产品为客户提供深入的国别风险数据与分析，以及全球行业研究，协助客户在难以获得可靠信息的市场中，更清楚地了解其在多个市场与产业中所面临的风险与机遇。2021 年惠誉收购 CreditSights，CreditSights 通过独立的信用研究、全球市场追踪、条款分析及新闻传导，提炼出具备可执行性的投资观点，帮助信用市场参与者更好地管理金融风险。2022 年惠誉收购 dv01（dv01 成立于 2014 年），通过在其云端平台提供贷款级别的数据和完全集成分析，成为结构化金融领域的技术创新者。

3. 惠誉培训（Fitch Learning）

惠誉培训主要向金融机构提供专业的培训业务，惠誉培训在伦敦、纽约、新加坡、迪拜和中国香港等老牌金融中心均设有学习基地。其致力于帮助从业者了解全球快节奏金融市场中复杂的客户需求。

4. 惠誉风投（Fitch Ventures）

惠誉风投是惠誉集团旗下团队，负责战略风险投资活动，该活动支持惠誉集团三大业务部门——惠誉评级、惠誉解决方案和惠誉培训的业务计划。它主要投资金融服务业的创新和新兴技术公司，为机构信贷和风险管理市场提供服务。

(四) 多业态发展的国际监管要求

三大评级机构所属集团均开展了除评级以外的业务，主要为信息服务类业务，包括市场预测、经济形势预估、定价分析、其他普通数据分析等。为了避免利益冲突，各个国家的监管机构对于评级业务和非评级业务之间的利益冲突也都有相关规定，因此三大评级机构的评级业务和其他业务均由不同的子公司承担。

美国《多德—弗兰克华尔街改革与消费者保护法案》在利益冲突方面提出了评级业务与市场业务相隔离的要求，防止评级机构的市场拓展业务影响其评级的公正性与准确性。作为各法案实施的具体细则，《交易法细则》17g-5 中有如下规定：①评级机构披露评级业务开展中可能存在的利益冲突；②明确了需要进行管理、公开披露以及完全禁止的利益冲突种类。其中附属业务关系，即在为发行人、承销商或受评债务人提供评级服务之外，还向其提供其他付费服务被列为相对禁止的利益冲突，而当附属业务影响到具体评级结果时，则应予以绝对禁止。

欧盟《信用评级机构监管法规》规定：严禁评级机构或评级人员对受评者提供咨询服务，但可以提供如"市场预测、经济发展趋势的预估、定价分析和其他一般数据分析"的附属业务。ISOCO 在 2015年修订过后的《信用评级机构基本行为守则》中规定：①在业务操作和法律上，信用评级机构的评级业务和分析师应该和信用评级机构的其他业务（包括咨询业务）分开，以防止利益冲突。对于其他不确定存在利益冲突的业务，信用评级机构应建立、维护、记录并执行政策、程序和控制方法以最小化利益冲突的可能性。信用评级机构应当披露业务之间不存在利益冲突的原因。②当信用评级机构从受评实体、债务人、主承销商或组织人收到和评级业务无关的报酬时，信用评级机构应该适当地在相关信用评级报告或其他报告处披露这些非评级收入占总收入的比例。

三大评级机构遵守了相关规定。2017 年 7 月，惠誉评级发布《关于"附属业务的定义"的说明》，其中提到"惠誉不提供顾问或咨询业务；顾问和咨询业务均属附属业务"，其评级业务也不给出投资建议或风险水平建议。惠誉通过实施"防火墙政策"将评级和附属业务划分至不同部门，从而避免评级业务产生利益冲突。同时根据 2009 年通过的法规 [Regulation (EC) No 1060/2009]，惠誉分公司凡在欧盟开展附属业务均会在相对应的评级行动评论中进行披露。2018 年 3 月发布的《欧盟透明度报告》中也再次确认以上说法，并补充声明惠誉在英国、法国、德国、意大利、波兰和西班牙等地区的公司都遵循欧盟的监管要求不提供任何非评级业务，惠誉在欧盟境内的所有收入都来自评级业务。

（五）评级付费模式的变迁

1. 早期的投资人付费模式

从前文可知，早期的信用评级服务在发展壮大后由免费转为向投资人收取费用的盈利模式。19 世纪 80 年代，穆迪、标普等最早一批崭露锋芒的评级公司受益于当时快速崛起的美国铁路和内河运输业，以向当时投资人提供铁路和内河运输公司的财务信息为主，为了使自己的财务出版物能更好地服务于投资人，评级公司针对当时的铁路产业债券进行了评价分析，并作为公司财务出版物的增值服务，当时的信息服务还是免费的。

随着市场对信息需求的上升、信用评级作用的日益突显和信用评级机构从出版业中脱离形成评级行业，信用评级机构逐渐开始向投资人收费以产生营业收入。20世纪70年代，三大评级机构开始依靠出售包含信用等级信息在内的订阅物以及行业研究报告等相关资料获取收入，形成了早期信用评级行业的投资人付费模式。

2. 投资人付费向发行人付费转变的主要原因

研究发现，早期国际信用评级机构由"投资人付费"转向"发行人付费"，主要受以下因素影响。

一方面，复印机的出现大幅度降低投资者获取信息的成本，评级机构收入骤减，信用评级机构急需寻找新的收费对象。

复印机是第二次工业革命中助力知识经济发展的一项关键技术发明，它改变了知识产品的生产和销售方式，将知识生产从手工创作时代带入了工业化时代。对于信用评级行业，复印机的出现不仅改变了国际评级机构的业务模式、收费模式，也推动并造成了国际评级机构寡头局面的形成。

复印机出现后，知识生产开始由手工劳动变为工业生产，提高了知识产品和信息的生产效率并降低了生产成本。在施乐[①]的复印机技术推出之前，人们复制图像只能用柯达的摄影技术，而该技术的成本是每张 15 美分，施乐的复印机推出后，这一成本降低到仅仅 3 美分，其中还包含人工成本。在施乐 914 型复印机上市前，全世界一年要复制 2000 万份文件，而到了 1964 年，世界每年要复印 95 亿份文件。

对于评级行业来说，复印机的出现放大了评级分析成果的外部性，使得评级报告成为可供广泛传播的半共享式公共产品，而这一转变是导致评级机构改变业务模式、收费模式的主要原因。复印机的出现使得评级机构的研究成果在一次出售后，开始出现大量低价复制品并在市场中广泛流通，由此评级机构的收入骤减，这催动评级机构开始调整对评级结果的展示方式和收费方式。

在收费模式方面，从评级信息的订阅者和使用者付费（投资人付费模式）转向债券发行人付费（发行人付费模式）；在展示方式方面，从某个行业专业出版物转向发行人的评级报告。

另一方面，随着债券市场进入快速发展期和成熟期，市场上的发债主体及债务种类持续增多，发行人级别竞争压力加大，相较投资人有众多优质的债券可投资，发行人急需通过信用等级评定等方式获得市场与投资者的认可，即发行人对信用等级的需求持续上升。

复印机产生后，信息的传播更加便捷，市场中广泛流通的不仅有评级报告，也包括企业信息。与此同时，复印机解放了评级作业者的劳动力，减轻了其抄录评级分析成果的时间和工作量，使评级作业者

---

① 世界上第一台静电复印机，后授权给 Haloid 公司，即后来的施乐公司。

有更多的时间可投入评级产品和评级技术的研发创新领域，为当时蓬勃发展的产业融资创造了更多的评级产品。整个评级行业快速发展，业务范围不断扩大，创新产品层出不穷，债券、商业票据和银行大额存单以及其细分产品开始在各金融市场广泛应用，形成了如今评级行业各大类评级产品架构的雏形。评级市场需求的繁荣，也带动了发行人和投资人对评级结果的更高要求，进而推动评级市场收费模式的转变。

20世纪60年代末70年代初的资本主义世界出现了多次优质债券给投资人带来投资损失的情况，直至1970年，美国宾夕法尼亚中央铁路公司商业票据出现违约，在此之前，商业票据被认为是最高等级无风险债券，这次危机的出现使得投资人开始对评级结果进行筛选，这不仅使得评级机构之间的竞争更加激烈，也逐渐让发行人意识到有必要让投资者相信他们的债权是低风险的，即发行人获得较高级别的需求更为强烈，更有意愿向评级机构支付酬劳以获得市场的认可，进而以更低的成本向市场进行融资。

不仅如此，1975年，SEC发布了关于确定经纪人、交易商最低清偿标准的净资本规则（Rule 15c3-1），首次将NRSROs的评级结果纳入联邦证券法律体系。自此，发行人要想让他们的债券进入金融市场就必须获得NRSROs的"保证"，进一步推动了向"发行人付费"模式的转变。

随着NRSROs将信用评级结果作为各类债券投资活动的标尺，联邦和地方的法律及监管规则也陆续将信用评级机构的评级结果作为一项重要的资质要求，信用评级机构在金融市场中的地位越来越重要，信用评级机构市场地位不断提高的同时也巩固了发行人付费的盈利模式。

3. 评级付费模式的现状及争议

目前，全球大多数评级机构采用向"发行人"收费的盈利模式，但仍存在部分向"投资人"收费的评级机构。

以美国最新的 NRSROs 为例，目前仅伊根-琼斯[①]（EJR）完全采用向投资人收费的模式。从美国市场来看，美国的中小型评级机构一般在初期采用投资人付费的经营模式，通过执行严格的评级标准，在信用评级行业积累一定的声誉，之后随着评级业务不断扩展，最终转向向发行人收费的模式。例如，克罗尔公司（KBRA）和晨星评级公司（Morningstar）等在设立初期采用向投资人收费的模式，后来均转向向发行人收费模式以拓展业务范围。日本的三国株式会社（Mikuni）曾采用类似于投资人付费模式的会员制模式，为会员提供债券分析和评级服务，但是 2009 年日本评级监管改革后该机构已停止经营并解散。

然而，评级机构应该采用向发行人付费还是向投资人付费的争议持续存在。发行人付费目前被诟病最多的主要有两点。①级别偏高。有研究统计称，发行人付费模式评定的信用等级较投资人付费模式评定的信用等级普遍偏高，存在级别集中度过高、区分性不强的问题。

---

① 该公司于 2013 年 1 月 22 日被 SEC 禁止从事资产支持证券和政府债券评级业务 18 个月以及支付 3 万美元罚金与美国证券交易委员会达成和解协议。SEC 表示，该公司于 2008 年期间，存在提报材料不实、业务不实、违反利益冲突等问题。

②利益冲突、独立性和道德风险的问题。市场普遍认为，评级机构向发行人收取费用的同时给发行人评定等级，将难避免级别存在"利益输送"等质疑，评级的结果其公正性和客观性实则备受市场质疑。

当然，投资人付费的模式也存在着争议点。①"投资人付费"的评级机构，大多数评级行为属于"主动评级"，即发行人或受评主体可以不配合调研，因此用于评级的信息大多为外部公开信息，受评主体信用评估判断的准确度实则大打折扣。②"搭便车"现象：当前，信息的传播速度持续加快、传播范围更广，若投资人认为购买评级报告与否与所获得收益差别不大，一般都不愿为得到评级信息而付费，而是等待评级结果被其他投资人或发行人购买后"搭便车"获得信息，这种"搭便车"现象对具有较强公信力的评级机构而言就更为严重，评级机构的投入也就很难获得合理的收益。

4. 信用评级盈利模式的探索

2008年金融危机后，加强利益冲突管理成为各国评级行业监管改革的共同目标，应对措施包括完善评级机构的内部治理结构，明确信用评级机构承担的主要责任，改善评级过程和评级结果的透明度，提高信息披露的质量，增加评级机构责任，避免评级套利，探索多种形式收费模式。

通常认为，作为金融服务机构，信用评级机构应该跳出"信用等级评定"这个狭小的传统观念束缚，回归信用评级出现的初衷，着眼于更大的"金融服务"和"信用服务"，这样我们便能发现，当前的国际信用评级巨头,其评级业务向发行人收费外,还有向投资人收费的评级相关业务,"投资人"与"发行人"互补形成完整的市场供需链,充实着金融中介机构的"信息网"。部分国际信用评级巨头,如标普评级,其全球地位的难以撼动,很大程度离不开其兄弟公司标普指数、标普财智、普氏情报的信息"付费"共享。

三、市场拉动加技术驱动的业务模式

(一)市场拉动的业务模式

市场拉动型评级机构业务拓展重心侧重于宣传、价格或渠道。宣传即促进销售,是企业向客户传递产品及服务的信息,以帮助客户认识到购买该产品或服务可以给其带来的价值,在客户潜意识中植入购买的行为冲动,以扩大企业影响力,进而提升市场份额。评级机构作为提供智力服务的专业化组织,位于产业链下游,在资本市场中主要宣传对象可以为发行人及投资者,也可以是政府及金融机构,宣传方式可以是参与金融市场组织的评比、组织现场或网络研讨会等品牌价值的输出模式,如惠誉评级曾参与《亚洲金融》杂志发起的年度大奖评选,获得"中国最佳国际评级机构"奖项;穆迪与中诚信国际、标普与 Bloomberg 合作定期或不定期开展网络研讨会,加大在中国资本市场的影响力。宣传侧重评级机构的研究覆盖广度与内容深度、服务质量和效率及品牌传播能力，不同的评级机构在不同的市场因人而异、因地制宜制定精准的业务拓展策略至关重要。

价格即产品及服务的定价策略，企业通过平衡影响产品、服务的定价影响因素，如成本、市场接受程度、市场供给状况、同业竞争、分销渠道、国家宏观调控等因素，制定出具有竞争力的价格，形成竞争优势。国际评级机构在提供评级服务时，会根据发行人所在国家的政治及法律环境、经济环境、社会文化环境及技术环境，考虑收费模式、收费对象、业务类型及业务复杂程度及竞争对手状况等，综合考量上述因素后制定出使其利益最大化的定价策略。

产品及服务的所有权从生产端转移到消费端的路径即渠道，如果生产端到消费端中间没有中间商节点为直接销售渠道；如果生产端到消费端中间有一个及一个以上的节点为间接销售渠道。信用评级作为提供评级作业的服务性中介，旨在降低投资者和发行人之间的信息不对称性，减少逆向选择（Adverse Selection）和道德风险（Moral Hazard），提升资本市场的整体效率。由于提供产品及服务的特殊性，信用评级的渠道可以是资本市场投资者、债券发行人、负责管理及承销业务的投资银行等。

市场部门拉动型的评级机构将业务拓展的任务及压力集中于市场部人员，通过市场部人员的对外宣传、渠道建立、价格博弈，扩大其在资本市场的知名度及影响力，进而扩大全球市场占有率。

（二）技术驱动的业务模式

1. 评级技术始终为信用评级机构的核心竞争力

评级技术为信用评级机构的核心竞争力。纵观国际主要评级机构，虽然其评级结果都采用了 AAA 到 C 或 D 的相同符号来表示其信用风险，但其背后依据的方法、打分标准各不相同，即评级原理、评级方法各不相同，国际上较为成熟的评级机构均已形成各自稳定的评级技术体系，并不定期根据监管或行业变化等进行方法更新。因此，各家评级机构的技术体系是否完整、评级方法是否有效是决定其评级结果准确性的重要理论依据，是各评级机构的核心竞争优势。

截至 2020 年末，标普全球的全球评级方法及技术文件共 153 个，包括 39 个通用方法及技术文件、44 个结构融资类方法与技术文件、32 个金融类方法与技术文件、27 个非金融企业类方法与技术文件等；穆迪的全球评级方法及技术文件共 130 个，包括 71 个非金融企业方法与技术文件、31 个结构融资相关方法与技术文件、16 个金融类方法与技术文件等；惠誉国际的全球评级方法及技术文件共 74 个，包括 44 个非金融企业方法与技术文件、4 个结构融资相关方法与技术文件、2 个金融类方法与技术文件等。

2. 科学技术为推动信用评级转型升级的关键

科学技术的进步不仅改变着国际信用评级机构的收费模式，同时改变着国际信用评级的竞争策略。尤其是在现代科学技术条件下，国际信用评级机构已经加大了金融科技的研究和开发，将进一步提升国际信用评级机构的竞争能力。

正如前文提到的，对于评级行业来说，复印机的发明及广泛应用放大了评级分析成果的外部性，使得评级报告成为可供广泛传播的半共享式公共产品，而这一转变是导致评级机构改变业务模式、收费模式的直接原因。

另一次评级史上的信息技术革命为互联网时代带来的变革。首先，互联网的出现开始将传统的纸质版印刷物以网页的形式呈现，或以电子邮件的方式在极短时间内送达目标用户，最大限度降低评级机构的印刷生产成本以及时间成本。其次，互联网的出现推动了评级机构品牌、声誉壁垒的形成。由于信用分析和评定的等级能够以极快的速度和极广的范围传播开来，对评估结果较被市场认可的评级机构来说，对其品牌、声誉将产生较大的正面传播效果，但对评估能力差的评级机构而言，将加速其被市场淘汰的步伐。最后，互联网提升了评级机构办公效率，催生了评级新产品与服务的出现。为实现"互联网＋评级"的转型，评级行业兼并收购频繁，寡头垄断局面进一步巩固。能够快速掌握互联网技术、完成评级相关软件开发的评级机构，一方面将有助于大幅提升评级机构的办公效率；另一方面将有助于评级机构催生新的产品与服务，如标普的财智服务、惠誉的解决方案和教育服务，均是伴随着互联网的出现迅速发展起来的。

近年来，国际信用评级机构对金融科技、人工智能等新科技领域的投资持续加大，其在评级及咨询业务方面都焕发了新的活力：一是评级机构之间的竞争从之前由智力资源支撑的级别竞争，转变为数字化系统加智力资源所支撑的服务竞争；二是在原有板块扩充海量数据进行大量相关性分析，信用风险识别与监测水平显著提升；三是向市场提供的产品从传统的评级报告转向多元化、精细化、定制化、满足市场需求的信用信息服务与信用风险解决方案，产品和服务附加值更高，更有竞争力。毫无疑问，当前全球信用评级行业正面临由金融科学技术带来的革命。

四、国际三大信用评级巨头的金融科技实践

（一）标普的金融科技实践

标普对金融科技的投入分为两部分：一是对科技公司进行收购；二是依托新技术开发信用风险工具和模型。

1. 标普对科技公司的收购

近年来，标普先后收购了 SNL Financial、Kensho Technologies, Inc.（Kensho）和 Panjiva,Inc.（Panjiva）等多家重要的金融数据和金融科技公司，用于补充和融合数据信息、提升数据理解和分析能力、实现数据可视化系统等人工智能领域的应用。

标普全球于2018年收购人工智能和数据可视化创业公司Kensho。Kensho专注于通过机器学习及云算法搜集和分析数据，然后将其组

织成有序的知识图谱，并通过自然语言处理技术理解和解答复杂的金融问题。此次收购有助于提升标普全球的人工智能、自然处理语言和数据分析能力，升级产品形态，以便为客户提供更好的用户体验。标普全球旗下的标准普尔道琼斯指数于 2016 年收购了在环境数据与风险分析领域全球领先的 Trucost 公司。此次收购能将 Trucost 领先的环境数据和风险指标与标普的基准测试能力相结合，开发新的 ESG 解决方案。2020 年 1 月，标普全球还成功收购了瑞士资产管理公司 RobecoSAM 的 ESG 评级业务。通过此次收购，标普全球为其领先的 ESG 产品服务注入了新的洞察力，这将有助于标普全球向其客户提供更为透明、强大且全面的 ESG 解决方案。

2020 年，标普全球与 IHS Markit 达成确定性协议，拟以 440 亿美元并购 IHS Markit，是 2020 年全球规模最大的一笔企业收购案。交易总部位于伦敦的 IHS Markit，是一家全球商业资讯的多元化提供商，该公司是美国 IHS 公司于 2016 年收购英国 Markit 公司后成立的，目前在全球范围内为推动经济发展的各个行业和市场提供关键信息、分析和解决方案，IHS Markit（INFO）提供分析和经济措施，尤其是经济学家密切关注的全球不同国家的采购经理调查，该领域的其他主要参与者包括彭博社、FactSet 和 Refinitiv。此交易将把华尔街最大的两家数据提供商合二为一，表明金融数据公司对全球金融市场的重要性和价值日益增长。标普全球预计，通过反垄断监管机构的审查，这项交易将在 2021 年下半年完成。标普 2015—2020 年金融科技投资事件见表 5-10。

表 5-10　标普 2015—2020 年金融科技投资事件

时间	事件	备注
2015 年 9 月	收购 SNL Financial LC	该交易对标普的银行和保险业务提供强有力的补充
2016 年	收购 Trucost 公司	将 Trucost 领先的环境数据和风险指标与标普的基准测试能力相结合
2017 年 8 月	收购 Algomi Limited 6.02% 的股份	该公司为信贷市场的买方和卖方公司提供软件支持的流动性解决方案
2018 年 1 月	收购 Pragmatix Services Private Limited	该公司专注于为银行、金融服务和保险垂直领域提供"数据到智能"周期的尖端解决方案
2018 年 2 月	收购 Panjiva	该公司为全球供应链提供深入、差异化、行业相关的见解，利用数据科学和技术使无序的数据产生意义
2018 年 4 月	收购 Kensho	该公司是下一代分析、人工智能、机器学习和数据可视化系统的领先供应商，为华尔街主要的全球银行和投资机构，以及国家安全部门服务
2018 年 6 月	收购 RateWatch	该公司提供 B2B 数据业务，为金融服务行业提供关于银行存款、贷款、费用和其他产品数据的订阅和定制报告
2018 年 8 月	收购 FiscalNote	一家位于全球商业和政府交叉市场的技术创新者，提供先进的、数据驱动的问题管理解决方案
2020 年 1 月	收购 RobecoSAM	有助于标普全球向其客户提供更为透明、强大且全面的 ESG 解决方案

资料来源：标普评级年报，大公国际整理。

2. 标普信用风险工具和模型的开发

标普的 Market Intelligence 部门利用机器学习等人工智能新技术开发信用风险工具和模型，为全球金融市场参与者提供多种资产的数据、研究和分析，从而使其能够有效管理信用风险敞口、进行违约概率计算等，并做出更加明智的决定。

Market Intelligence 部门根据评级部门的数据积累和新技术开发了诸多分析工具，帮助投资者有效衡量交易对手和全球投资的信用风险。与标普全球评级大致一致，定量模型提供短期、中期和长期违约概率，以及预先计算的信用评分。标普 Market Intelligence 部门分析工具如表 5-11 所示。

表 5-11 标普 Market Intelligence 部门分析工具

工具	作用
PD Fundamentals	提供违约概率（probability of default）模型套件，以及过去 15 年内超过 730000 个预先计算的 PD（probability of default）的数据库，为客户提供所需的洞察力，以期预判信用风险
PD Model Market Signals	使用有效的预警信号和股权市场驱动模型发现新兴信用风险，并在其扩大之前进行预警
CreditModel ™	使用包括 100 个统计模型（经过标普评级的长期历练）的强大套件帮助客户可靠地评估和监控长期全球公共和私营、评级和未评级公司的信用风险
LossStats ™ Model	评估在违约事件中投资的违约回收率
Macro-Scenario Model	估计未来经济情景如何影响信用风险敞口

（续表）

工具	作用
Pre-calculated Credit Scores/Benchmarks	了解交易对手经营所在行业和国家的信用风险趋势
Credit Health Panel	通过运营、偿付能力和流动性预先计算的信用评分进行同行分析

资料来源：标普评级年报，大公国际整理。

同时，标普还开发了 RatingsDirect 平台。RatingsDirect 将研究分析与全面的市场数据、信用风险指标和动态可视化工具相结合，可帮助客户研究、绘制和分析跨行业、公司和证券的信用表现和趋势。

此外，标普还开发了 Credit Assessment Scorecards 以帮助客户获得对决策的信心，以及内部风险评级系统的可靠性。所有主要资产类别都有 30 多个记分卡，以及领先的基准，包括对 90 多个行业和国家的风险评分。

（二）穆迪的金融科技实践

穆迪公司也积极探索金融科技领域，以此来获取更全面的数据，提升分析解读能力，并不断开发新的解决方案来满足市场的需求。穆迪对金融科技的投入也分为收购科技公司和不断开发新模型两部分，主要由 Moody's Analytics 部门负责。

1. 穆迪对金融科技公司的收购

穆迪于 2018 年以约 2.78 亿美元收购商业房地产数据公司 Reis，旨在整合其海量房产数据，为房产交易市场提供全方位分析和投资咨询业务。Reis 是领先的美国商业房地产（CRE）数据提供商。此次交易体现了穆迪分析协助客户更快做出更佳财务决策的使命。Reis 的广泛数据和穆迪分析的专业能力相结合，旨在增强 CRE 市场的分析实践，为资本流动的效率和流动性作出贡献。此次收购进一步扩大了穆迪分析在 CRE 领域的数据和分析提供商网络。穆迪分析公司总裁 Mark Almeida 曾表示："商业房地产在分析上非常复杂，Reis 关于 CRE 供应的数据结合穆迪分析对商业地产需求的洞察，将为市场参与者提供对于 CRE 贷款和投资经济学的强大全方位视角。Reis 和穆迪分析通过强强联手，将提升对于 CRE 金融专业人士的相关性和价值。"

穆迪于 2019 年收购了环境、社会与治理（ESG）研究、数据和评估领域的全球领导者 Vigeo Eiris 的多数股权。此次收购进一步推进了穆迪力求帮助更多市场参与者采用 ESG 全球标准目标的实现。此次收购表明，随着资本市场及其他利益相关方寻求明确、客观的标准来理解和衡量 ESG 因素，对发行商、投资者、交易对手及其他各方而言，ESG 考虑因素有着越来越重要的意义。穆迪投资者服务全球评估主管 Myriam Durand 表示："Vigeo Eiris 一直是该领域的先锋，积极帮助市场参与者提高 ESG 和可持续发展问题的透明度，加强对这些问题的认识，同时随着对这些信息的需求不断增长，持续追求创新和拓展。穆迪收购 Vigeo Eiris 多数股权将有助于促进领先 ESG 风险评估业务的进一步发展，帮助市场参与者在做投资决策时对 ESG 考虑因素进行评估，令市场从这一全球标准中受益。"此次收购进一步加强了穆迪对于不断提升 ESG 透明度和建立 ESG 标准的承诺。

2019 年 7 月，穆迪还收购了金融科技公司 RiskFirst。RiskFirst 是一家向资产管理和养老基金界提供风险分析解决方案的领先金融科技公司。此次收购有助于穆迪分析将其市场首屈一指的风险解决方案范围扩大至机构买方领域。穆迪分析公司总裁 Mark Almeida 曾表示："RiskFirst 拥有买方和资产所有者生态系统的核心地位，因其专业知识和优质产品而闻名。将 RiskFirst 的平台纳入穆迪分析的产品组合中将带来巨大的发展机遇，也兑现了我们努力将产品范围和业务能力扩展至买方和资产所有者领域的承诺。" 越来越多的资产所有者希望获得具备先进技术和分析能力的更加完善的风险解决方案，以便应对日益严峻的金融管理、融资和资本管理挑战。通过此次收购，穆迪将有机会扩大 RiskFirst 平台的分析能力，并开发新的解决方案来满足客户不断演进的需求。

此外，穆迪公司的科技收购还涉及 Blackbox Logic LLC 的住房抵押贷款支持证券（RMBS）数据分析业务、GGY 公司，Bureau Van Dijk（毕威迪公司）以及德国 SCDM 公司的部分业务。穆迪 2015—2019 年金融科技投资事件见表 5-12。

表 5-12　穆迪 2015—2019 年金融科技投资事件

时间	事件	说明
2015 年	收购 Blackbox Logic LLC 的住房抵押贷款支持证券（RMBS）数据分析业务	该公司提供了住房抵押贷款支持证券（RMBS）数据分析业务
2016 年	收购了 GGY 公司	推出针对保险精算业务的 AXIS 自动系统，提升了穆迪对保险业公司的资信评估水平
2017 年	收购了 Bureau van Dijk（毕威迪公司）	该公司具有强大的企业数据库和分析网络
2017 年	收购德国 SCDM 公司的部分业务	—
2018 年	收购 REIS 公司	该公司开发了房屋估值和信用风险分析模型，提升了房地产行业风险分析能力
2019 年	收购 Vigeo Eiris 多数股权	该公司是环境、社会与治理（ESG）研究、数据和评估领域的全球领导者
2019 年	收购 RiskFirst	该公司是一家向资产管理和养老基金界提供风险分析解决方案的领先金融科技公司

资料来源：穆迪年报，大公国际整理。

2. 穆迪信用风险评估模型的开发

穆迪公司投入大量资金，运用金融科技开发了众多针对投资者的风险计量、企业风险管理、结构分析与估值等相关模型软件工具，将信用评级、企业风险评估、市场风险管理、企业发展咨询、企业估值、并购等多种传统服务进行信息化、系统化、自动化，在提高工作效率的同时也提升了工作的准确性。其中，Credit Monitor、RiskCalc™、Scenario Studio 等工具较为典型。

Credit Monitor 模型是 KMV 公司（2002 年被穆迪公司收购）开发的一种评估企业违约概率的模型。在实际应用中能在企业违约前通过违约概率的变化，迅速显示出企业信用状况的变化。

RiskCac™ 模型是在传统信用评分技术基础上发展起来的一种适用于非上市公司的违约概率模型，其核心是通过严格的步骤从客户信息中选择出最能预测违约的一组变量，经过适当变换后运用 Logit/Probit 回归技术预测客户的违约概率。

Scenario Studio 平台是 Moody's Analytics 于 2018 年全新推出的创新产品。该平台允许多个并发用户交互协同生成经济情境或预测。平台整合了贸易流、金融市场状况、移民、大宗商品价格与外商投资等因素，金融机构、政府以及企业客户可使用全球宏观经济模型来判断国内外经济冲击事件的影响。

（三）惠誉的金融科技化实践

1. 惠誉对金融科技公司的收购

惠誉于 2018 年收购了金融数据供应商 Fulcrum Financial Data。该公司是杠杆融资和不良债务分析、新闻和数据领域的领先提供商。Fulcrum 出版 LevFin Insights 和 CapitalStructure 这两个专注于杠杆及不良债务市场的出版物。另外，Fulcrum 还运营法庭案例平台 PacerMonitor 和债券分析公司 Covenant Review。惠誉解决方案全球产品主管 Brian

Filanowski 表示："我们的目标是为杠杆金融专业人士提供最佳的信息平台。我们期待将来自 Covenant Review、CapitalStructure 和 LevFin Insights 的新闻添加到我们的 Fitch Connect 平台，与评级、研究和分析一起提供给客户。"此次收购有助于惠誉拓展其投资咨询服务。

2. 惠誉信用风险评估模型的开发

惠誉主要由惠誉解决方案（Fitch Solutions）部门进行技术开发和应用。惠誉的新金融科技主要体现在利用其 100 多年的业务经历积累的海量基础数据，通过人工智能技术充分挖掘数据价值，并为第三方机构提供数据情报和解决方案等服务。

Fitch Solutions 主要进行信用风险分析中的交易对手风险解决方案（Counterparty Risk Solutions）的开发和应用。惠誉在多年业务开展中积累了大量的基础金融数据，拥有丰富的主权国家经济数据（包括 3 年的预测数据）、上市和私有银行基本信息、保险企业和工商企业财务信息。借助交易对手风险解决方案，客户可以获取来自惠誉评级的信用评级和研究数据，以及金融隐含评级（Financial Implied Ratings）和其他分析，能够提供有关当地市场动态的洞见和数据背后的内容。可通过多个交付渠道获取构成交易对手风险解决方案的整套产品和服务。

2017 年，Fitch Solutions 改进了交易对手风险解决方案，涵盖了资讯监测服务（Fitch Connect News）、国家风险数据（Country Risk Data）以及银行排名三项服务，这些服务均通过 Fitch Connect 平台进行交付。

Fitch Connect News 主要使用机器学习和文本挖掘技术，借助来自全球数千个资讯源的数据，衡量由用户定义的银行组合的资讯观点。这一独特的服务使用了针对实体和组合内容的"负值度算法"（negativity algorithm），它能够根据用户行为，在其信用风险工作流程框架之内学习交付更具相关度的内容。

国家风险数据致力于国家风险和行业分析。由宏观经济数据、预测和风险指数生成的定性观点涵盖全球 163 个国家的宏观经济和政治风险分析，并覆盖全球 99.9% 的 GDP。

银行排名是 Fitch Solutions 部门利用其广泛的基础金融数据，创建银行评级方法，所提供的全球范围和特定国家的银行排名信息。借助银行评级，人们可十分清楚地掌握某一银行在同行中的相对地位，其中包括当前和历史排名信息。银行排名依据的是银行总资产、风险权重资产、一级资本和运营利润。

五、国际信用评级行业发展的启示

通过本书第一篇对国际信用评级行业的产生与发展历程的相关研究，结合本章对国际信用评级行业发展现状的分析，可以发现国际信用评级行业普遍具有评级产品与服务多元化程度高、收费模式多样等特点。除此之外，还需重点关注以下几个方面。

第一，以市场需求为导向的重要性。此可从国际信用评级行业的起源、早期的产品形式等获得启示、借鉴。具体来看，早期信用评级产品曾以出版物、小册子、卡片等形式存在，是当时的出版公司、统计公司等以市场需求为导向而推出的各形态产品。因此，以市场需求为导向提供多样化的评级产品和服务，是评级机构持续经营的基础性要求。当前，国内信用评级机构可考虑根据客户需求提供个性化、定制化的产品服务。

第二，关注科技革命带来的颠覆性影响。此可从国际信用评级行业初期由投资人付费向发行人付费转变获得启示、借鉴。具体来看，评级产品出现初期，是提供给投资人并向投资人收取费用的，但当时的印刷成本较高，故每一份评级报告价格较高，投资人能获取多少信息取决于其愿意支付多少价格来购买。然而，20世纪30年代复印机出现后，印刷成本大幅降低，导致评级产品逐渐变成了半共享式的公共产品，即同一份报告难以向多个投资人反复收费，在此背景下，评级机构开始转向向发行人收费。不难看出，科技革命对评级机构的业务模式等会产生颠覆性影响。当前，AI等技术的快速发展也会对评级机构产生颠覆性影响，国内评级机构有必要迅速掌握此次科技革命带来的领先技术，从而率先实现变革飞跃。

第三，违约或危机事件是对评级机构评级技术最有力的验证。梳理国际评级行业的发展史可知，历次推动评级行业发生重大变化或评级监管发生重大变革的导火索均为较大的违约或信用事件。早期历次美国经济危机中评级机构的较好表现让市场及监管机构逐渐认可其作用并推动监管机构对评级结果直接使用、采信；1970年宾州中央铁路违约事件中评级机构未能进行准确的风险预判，让市场意识到并不是所有的评级机构均能判断准确，这推动1975年美国SEC推出

NRSROs，之后，只有受监管机构认可的评级机构，其评级结果才被监管机构及市场认可、采信（此举亦是推动三大评级机构形成寡头垄断格局的主要原因之一）；2000年安然破产事件让市场意识到有必要对评级机构等金融中介进行监管，从而开启了对评级机构进行监管的时代（在此前只有认证但无监管，在监管真空期，三大评级机构实现了快速扩张和全球化发展）；2008年金融危机推动欧美监管机构加大对评级机构的监管力度，逐步开启了对评级机构的严监管时代。从上述内容可知，如果债券市场各发债主体从不违约或少违约，将很难检验评级机构的专业性。换句话说，在当前中国债券市场发行交易基础设施不完备、市场化程度不高、违约较少等特殊环境下，评级机构可发挥的作用可能有限。

第四，监管的适度保护将更利于行业的可持续发展。虽然自2000年以来，国际监管机构开始逐步加大对信用评级行业的监督管理力度，从此不断填补此前的监管空白。但从欧美监管机构的实际操作来看，部分监管规则会对本土评级机构产生较强的保护作用。如美国NRSROs百年来仍只有10家左右，其资质极难获得，即其他评级机构进入美国债券市场的壁垒非常高。此外，欧洲监管机构要求在评级时使用至少1家市场占有率不高于10%的小型评级机构，此举亦是对当地评级机构的较强保护。从上述内容可知，第一，灵活、适度的监管，有利于行业的可持续发展；第二，当国外评级机构的规模、收费（国外是按发债规模的一定比例收费，即评级收费高）等与国内存在较大差异的背景下，照搬国外的严监管规则（目前中国对评级的监管主要参照欧洲）恐导致国内评级机构产生较大的生存压力；第三，在人民币国际化的过程中，评级机构可探索国际业务机会，如中资企业在国外发债时建议至少使用1家中国的评级机构，又如"一带一路"沿线投资或项目融资中至少使用1家中国的评级机构等。

第五，三大评级机构对市场的寡头垄断格局形成的启示与借鉴。国际三大评级机构对市场的寡头垄断格局的形成主要有以下四个方面的原因，且这四个方面缺一不可。一是自身实力较强。早期国际三大评级机构主要靠其自身的技术能力、专业能力，并以市场为导向为客户提供有价值的产品服务从而积累"信誉"，形成一定市场影响力。二是兼并收购。如标普评级是美国大萧条时期两家（竞争对手）公司合并的产物。标普、穆迪、惠誉的全球化快速扩张主要通过不间断的收购、兼并来实现，包括对新进入评级机构、小规模评级机构的收购，行业内的强强联合，以及对前沿科技公司的收购、兼并等，以确保公司在评级业务、评级技术及科技应用等方面均保持行业领先。三是资本支持。这一点在标普、惠誉的发展史中尤为突出，如标普评级被麦格劳希尔收购后业务才获得快速扩张，标普指数、普氏能源均是由母公司麦格劳希尔大力发展而来。惠誉被法国FIMALAC收购后获得快速发展与扩张的机会，FIMALAC主导了多次跨国大规模评级机构的合并，快速扩张了惠誉的全球版图。四是监管助推。三大评级机构对市场的寡头垄断格局形成的主要原因之一是SEC对NRSROs的认可和授权。1975年以来，SEC对具有实力的评级机构进行认可和授权，并授予其"国家认可的评级机构（NRSROs）"称号，并在其监管活动中采用NRSROs的信用评价结果，这种对评级机构无明确监管要求的监管环境一直持续到2000年左右，此时三大评级机构对市场的寡头垄断格局已基本形成。另外,值得注意的是,美国SEC百年来认可的NRSROs仅有10家左右,这实际上形成了一个隐形的"门槛"。

第六章　中国信用评级行业的发展现状

　　信用评级发展现状剖析不仅有利于对当前发生的现象背后的本质问题有更深层的认识，更有利于对未来进行前瞻性预估。本章基于中国信用评级行业所处的发展环境、信用评级机构运行情况以及债券违约等方面的系统分析，发掘当前全球化形势以及中国现行体制下中国信用评级发展现存的问题与特点，为探索评级机构发展方向提供有力的支撑，进而助力中国经济向高质量发展的稳步转型。

　　我国信用评级行业的发展现状研究分为两大部分：第一部分从我国债券市场近年来的规模趋势、券种、风险防范、投资者、对外开放、违约，以及监管机构对评级行业的支持与限制等方面重点论述我国信用评级行业的发展环境；第二部分从我国评级行业中各评级机构的基本格局、所处发展阶段、业务运行情况、面临挑战等角度重点论述我国信用评级机构的运行特征。

一、中国信用评级行业的发展环境

　　信用评级行业的发展与债券市场发展息息相关，债券市场有序蓬勃的发展现状为信用评级行业带来了巨大发展机遇，同时违约现象也给信用评级行业带来压力和挑战。从债券市场发展情况来看，中国信用评级行业处于平稳上升中。2014年以来，中国债券发行总量基本保持增长，市场成交量平稳上升。同时，中国债券市场对外开放稳步推进，投资者类型进一步丰富，债券市场创新取得新进展，但违约也呈现常态化。从债券市场监管环境来看，监管部门出台了一系列"严监管"政策，将强有力地规范和促进债券市场的有序发展，同时也对信用评级质量提出了更高的要求。

（一）中国债券市场发展现状

1.国内债券市场规模不断扩大，为信用评级行业提供增量空间和发展机遇

万得数据显示，截至2023年末，我国债券市场存量规模已突破150万亿元，是10年前的4倍以上。其中地方政府债存量规模超过40万亿元，是10年前的30倍以上，信用债存量规模超过46万亿元，是10年前的3倍以上。债券对实体经济的支持能力明显增强，并吸引更多国际投资者积极配置。

近年来，我国债券市场发行数量和规模基本呈增长趋势。2023年我国债券市场共发行各类债券5万只以上，共募集资金71万亿元，发行数量和规模分别是10年前的7.3倍和5.8倍。债券市场规模扩大，有利于评级业务的增长，有利于评级行业的长期发展。我国债券市场发行情况见图6-1。

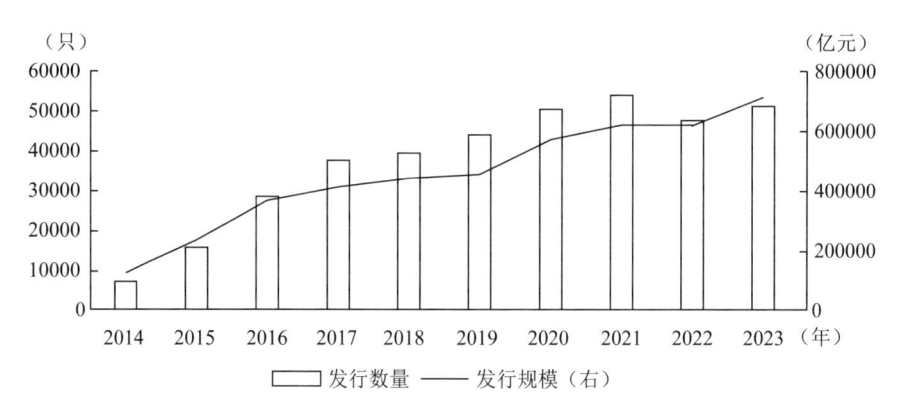

资料来源：Wind，大公国际整理。

图 6-1 我国债券市场发行情况

2. 我国债券市场券种更趋齐全，结构更加合理，多个品种债券发力增长，为信用评级行业丰富评级方法、提升专业资质提供条件

近年来，我国债券市场创新不断，出现了绿色公司债券、科技创新公司债券、科创票据、革命老区债、"一带一路"债、"三农"债、扶贫专项债、纾困专项公司债、碳中和债、权益出资型票据、乡村振兴票据、县城新型城镇化建设专项企业债、能源保供特别债、疫情防控债、中小微企业支持债等募集资金有特定用途的新型主题券种，也创新出可续期公司债、短期公司债、证券公司次级债等新券种。另外，在债券市场扩大对外开放的环境下，熊猫债、玉兰债、点心债也获得了较大发展空间。当前企业债、公司债、短期融资券、中期票据、金融债、资产支持证券、地方政府债等券种均得到了长足的发展，既能满足不同的融资主体融资需求，又能满足不同偏好的投资主体投资需求。

3. 债券市场风险防范逐步完善、增信方式不断创新，显现出信用评级在债券市场中的重要性

在规模扩大和品种丰富的同时，债券市场风险管理机制和工具不断健全。银行间市场推出的信用风险缓释工具以及交易所市场推出的国债期货均是对债券现货市场的补充，这有助于满足债券市场投资主体的风险管理需求。同时，政策层面也着力引导债券利率下行，为市场主体减负，尤其是提高中、小、微民营企业利用债券渠道融资，以保障债券市场支持实体经济发展的能力。近年来，一系列改善民营企业经营条件的政策陆续出台，民企债券融资支持工具进一步完善，直接投资债券、创设信用风险缓释凭证、担保增信、央地合作增信等方式均支持民营企业发债融资。

4. 我国债券市场投资者数量进一步增加，结构进一步多元化，信用评级行业在保障投资者权益方面的任务重大

近年来，我国银行间债券市场开放步伐加快，沪港通、深港通和债券通相继实施。合格境外机构投资者制度改革不断深化，境外投资者投资国内证券市场更加便利。同时随着我国债券、股票逐步融入国际主流指数，境外投资者配置境内人民币资产需求将不断上升。截至2020年末，我国银行间债券市场各类参与主体共计27958家，较2019年末增加3911家。据中国人民银行于2023年末发布的消息可知，境外机构已连续9个月净买入我国债券，2023年以来累计净买入量近1万亿元，三季度以来，境外机构持债量保持快速增长，中国债券市场

展现出了较强的投资吸引力。未来境外资本投资中国市场具有较大增长空间，一方面，中国债券市场、股票市场规模在全球均居第二位，但外资占比仍比较低，未来存在较大的提升空间；另一方面，中国的证券市场在债券收益率方面具有较大吸引力。

5. 我国债券市场不断扩大开放，为我国信用评级行业扩大国际影响力提供契机

2019 年，中国债券已纳入彭博巴克莱全球综合指数和摩根大通旗舰指数。2021 年，中国国债正式纳入富时世界国债指数。中国债券"集齐"全球三大债券指数，反映了中国债券市场的国际影响力不断加大。国际投资者加大投资我国债券市场，我国债券市场投资者结构的不断优化，不仅有利于我国金融领域以开放促改革，进一步提高人民币的国际地位，还有助于降低我国融资成本，为实现金融市场更加健康发展提供助力。

6. 我国债券市场违约常态化使信用评级行业压力加大，评级机构在评级精准度、风险揭示能力方面受到更大挑战

自 2014 年打破刚兑后，债券市场违约数量日渐增加，违约常态化特征日益显著。据万得数据可知，2014 年至 2023 年，首次违约企业数量基本呈先增后减趋势，于 2019 年达到目前的峰值 52 家后，逐渐递减至 2023 年的 5 家。同期，违约债券[①]数量和违约金额基本呈增长

[①] 本节违约债券的违约类型统计维度为：本息展期、触发交叉违约、担保违约、技术性违约、提前到期未兑付、未按时兑付本金、未按时兑付本息、未按时兑付回售款、未按时兑付回售款和利息、未按时兑付利息。

趋势，2020年增速趋缓，并于2022年达到目前的峰值，2023年边际下降，但仍位于较高水平。从2014年至2023年累计数据来看，民营企业违约债券数量和违约金额占比总体均超过65%，民营企业是违约的重灾区。我国债券违约情况见图6-2。

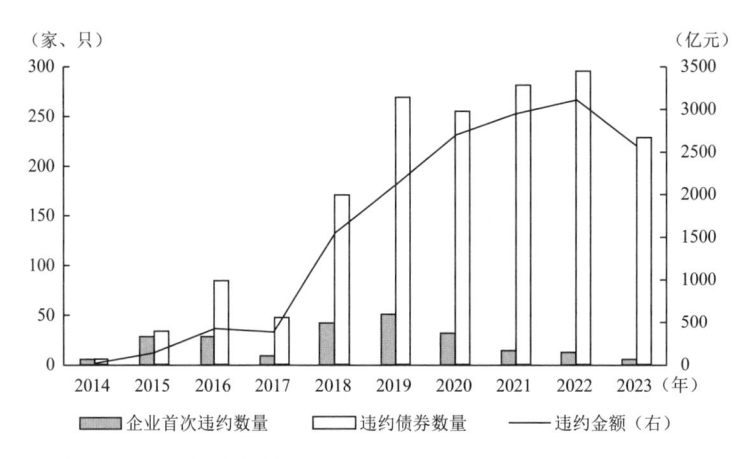

资料来源：Wind，大公国际整理。

图6-2 我国债券违约情况

常态化违约会给评级行业带来如下影响和挑战。第一，随着中国跃升为世界第二大债券市场，企业信用违约对中国金融安全冲击力随之增加，打破刚兑的冲击增大了中国本土评级机构的生存压力。本土评级机构面临的生存环境正在发生重大改变，评级机构将迎来市场检测和提升核心竞争力的双重挑战。第二，信用债违约特征趋于复杂，评级机构识别信用风险的难度不断增加。违约企业在宏观、行业、所有制、区域、违约原因等方面呈现更加复杂多元特性，精准预警的难度不断增加。

（二）中国信用评级行业的监管环境

中国正处于资本市场全面深化改革时期，发展多层次资本市场、提高直接融资占比已经成为经济发展转型的重要抓手之一。为推动资本市场发展、完善资本市场基础制度、加快金融体制改革并改善资本市场服务实体经济的能力，中国推出了资本市场全面深化改革路线图，为资本市场的持续健康发展提供了重要保证。信用评级行业作为资本市场"看门人"，在金融稳定运行中起到重要作用，其独立性、合规性、专业性、准确性对债券市场有较大影响，叠加债券市场违约常态化现象，监管机构对信用评级机构的监管采取既给予支持又加以限制的态度，引导信用评级行业高质量为资本市场服务。

1. 国家层面积极出台政策扩大债券市场规模、逐步推进债券市场监管统一、鼓励科技赋能，为我国信用评级行业发展提供坚实基础

2018年12月，国务院金融稳定发展委员会在明确资本市场改革五大方向时提到，"借鉴国际上通行做法，积极培育中长期投资者，畅通各类资管产品规范进入资本市场的渠道"。

2021年3月5日，第十三届全国人民代表大会第四次会议擘画出资本市场全面深化改革路线图，提出完善资本市场基础制度，健全多层次资本市场体系，大力发展机构投资者，提高直接融资比重。同时提出提高金融服务实体经济能力，健全实体经济中长期资金供给制度安排，创新直达实体经济的金融产品和服务，增强多层次资本市场融资功能。在债券市场方面，提出完善市场化债券发行机制，稳步扩大债券市场规模，丰富债券品种，发行长期国债和基础设施长期债券。

2023年3月，根据国务院机构改革方案，以往的国家发展和改革委员会对企业债券的发行审核职能，转变为由中国证券监督管理委员会统一负责。此次变更为债券市场统一监管的重要一步。2023年9月15日，上海证券交易所、深圳证券交易所、北京证券交易所发布《关于就公司债券（含企业债券）五项业务规则公开征求意见的通知》，意味着信用债可在北京证券交易所上市发行，北京证券交易所成为债券市场监管机构之一。2023年10月20日，中国证券业协会发布《证券市场资信评级机构相关自律规则的通知》，修订调整优化评级业务自律管理制度机制，将企业债券纳入规制范围，旨在稳妥做好企业债券发行审核职责划转相关工作，进一步规范公司债券（含企业债券）资信评级业务，促进提升职业素养。

2023年11月14日，中国人民银行提出支持有实力的金融科技力量进入评级市场，鼓励存量机构整合壮大；营造健康有序的评级生态环境，提升评级机构独立性和公信力；鼓励评级机构"走出去"，拓展境外评级市场，提升国际竞争力和国际影响力。此项政策有利于评级行业高质量发展，实现服务实体经济和防范金融风险的目标。

2. 在违约逐渐显现出常态化趋势后，监管机构对信用评级行业的监管趋严，旨在使信用评级行业切实履行勤勉职责

2019年9月，中国证券监督管理委员会提出全面深化资本市场改革路线图的十二项重点任务，其中包括"狠抓中介机构能力建设、压实中介机构责任、推进行业文化建设"；"切实化解股票质押、债券违约、私募基金等重点领域风险"；"进一步加大法治供给、加快推动《中华人民共和国证券法》《中华人民共和国刑法》修改，大幅提高欺诈发行、上市公司虚假信息披露和中介机构提供虚假证明文件等违法行为的违法成本"等。

2019年12月28日，《中华人民共和国证券法》（以下简称新《证券法》）经修订后发布。新《证券法》规定发行人因欺诈、虚假陈述等行为给投资者造成损失的，或承担先行赔付责任。操纵证券市场行为，或将受到罚款等处罚。发行人信息披露相关条款趋于完善。新《证券法》同时提出接受监管机构调查的单位和个人应当配合，不可隐瞒，对于涉嫌证券违法违规的行为，任何单位和个人有权举报并获得奖励。新《证券法》的出台从保护投资者角度出发，提高包括评级机构在内的市场参与主体违规操作成本，严格压实评级行业作为市场"看门人"的勤勉职责，倒逼评级行业提升风险监测、预警、防控能力，对评级行业的监管有明显的强化。

2020年3月1日，正式实施的新《证券法》进一步强化评级机构"看门人"责任，对评级机构增强企业信用级别区分度，进而提高企业信用违约的预警能力做了更高的要求。在2020年10月超预期的信用违约高发期持续发酵的背景下，2020年11月21日的金融委第四十三次会议指出，党中央、国务院高度重视资本市场健康可持续发展，发债企业及其股东、金融机构、中介机构等各类市场主体必须严守法律法规和市场规则。可见，在维护债券市场稳定发展过程中，评级机构一直被决策层视作监测、防风险的关键一环。

从市场情况来看，如同面对2008年全球金融危机以及欧洲主权债务危机的冲击一样，金融市场对评级业的风险预警作用期望很大。在当前中国面临百年未遇之大变局，国外输入性风险增大，同时国内经济下行压力依然较大，数字技术加快重塑企业生存竞争环境的形势下，中国企业对外部发展环境的适应性风险加大，这进一步增加了金融市场识别企业信用风险，尤其是短期风险的难度。因此，金融市场对评级机构加强企业信用风险区分度，进而助力其信用风险预警的需求进一步增强，而评级机构增加信用级别区分度关键在于增强其独立性、透明性、前瞻性。同时，金融机构对内部评级建设的力度加大，代表数字经济新型评级机构的设立，以及中国评级业对外开放程度的增强，这三方面的竞争压力也将倒逼本土头部评级机构加快提高评级质量的革新能力，在独立性、透明性、前瞻性三方面实现新的突破。

监管对降低评级依赖越发重视，并将通过逐渐取消强制评级得以实现。2021年1月29日，交易商协会发布《降低外部信用评级依赖推动信用评级行业高质量健康发展》的通知。通知明确债务融资工具注册环节取消信用评级报告的要件要求，即在超短期融资券、短期融资券、中期票据等产品注册环节，企业可不提供信用评级报告，从而将企业评级选择权交予市场。交易商协会将进一步研究降低债务融资工具发行环节强制评级要求，旨在加强评级行业自律管理，引导评级机构更多地从投资人角度出发揭示风险，促进评级行业和债券市场高质量健康发展。2021年2月26日，中国证券监督管理委员会发布《公司债券发行与交易管理办法》，取消公开发行公司债券信用评级的强制规定，同时普通投资者可参与认购交易的公募债券债项评级不再必须为AAA。同日，证监会发布《证券市场资信评级业务管理办法》，明确取消强制评级，完善证券评级业务规则，规范评级执业行为。

总体来看，近年来我国债券市场监管处于趋严阶段。在愈发严格的监管之下，债券市场运行将更加规范。同时，监管鼓励降低外部评级依赖、债券市场创新、扩大开放，旨在助力债券市场走向高质量发展道路。

二、中国信用评级机构的运行特征

当今我国信用评级机构采取备案制，评级机构数量较为稳定。通过多年的沿革，我国评级行业形成以 6 家评级机构为主的基本格局。从行业的技术环境来看，信用评级机构在合规、技术、系统、人才等方面均有长足进步，但在金融科技投入以及金融科技对评级作业数字化升级上还有较大进步空间。

（一）评级机构组成及目前所处发展阶段

1. 目前国内信用评级机构采用备案制

2019 年 11 月 26 日，中国人民银行、国家发展和改革委员会、财政部、中国证券监督管理委员会联合发布《信用评级业管理暂行办法》，指出设立信用评级机构应当向所在地的信用评级行业主管部门省一级派出机构办理备案，已经开展信用评级业务的机构，应当向备案机构办理备案。根据中国人民银行于 2023 年 7 月 14 日公布的数据可知，备案法人信用评级机构为 52 家。2023 年 6 月 28 日，中国证券监督管理委员会发布《完成首次备案的证券评级机构名录》，显示完成首次备案的证券评级机构共计 14 家。截至 2023 年末，据交易商协会官网可知，评级结果可以在银行间债券市场使用的评级机构为 11 家。中国评级行业以采用发行人付费方式为主，目前，我国有 5 家投资者付费模式的评级机构，分别为中债资信评估有限责任公司、北京中北联信用评估有限公司、中证指数有限公司、浙江大普信用评级股份有限公司（曾用名"四川大普信用评级股份有限公司"）、上海资信有限公司。未来盈利模式将呈多元化方式发展。中国证券监督管理委员会发布的《完成首次备案的证券评级机构名录》见表 6-1。

表 6-1　中国证券监督管理委员会发布的《完成首次备案的证券评级机构名录》

序号	信用评级机构名称	备案类型	机构注册地	备案公示时间
1	东方金诚国际信用评估有限公司	首次备案	北京市	2020/10/21
2	大普信用评级股份有限公司	首次备案	浙江省	2020/10/21
3	上海新世纪资信评估投资服务有限公司	首次备案	上海市	2020/10/21
4	联合资信评估股份有限公司	首次备案	北京市	2020/10/21
5	标普信用评级（中国）有限公司	首次备案	北京市	2020/10/21

（续表）

序号	信用评级机构名称	备案类型	机构注册地	备案公示时间
6	中证鹏元资信评估股份有限公司	首次备案	深圳市	2020/10/21
7	大公国际资信评估有限公司	首次备案	北京市	2020/10/21
8	安融信用评级有限公司	首次备案	北京市	2020/10/21
9	中诚信国际信用评级有限责任公司	首次备案	北京市	2020/10/21
10	远东资信评估有限公司	首次备案	上海市	2020/11/30
11	北京中北联信用评估有限公司	首次备案	北京市	2020/11/30
12	上海资信有限公司	首次备案	上海市	2020/12/17
13	安泰信用评级有限责任公司	首次备案	湖北省	2021/11/24
14	广州普策信用评价有限公司	首次备案	广东省	2023/6/17

资料来源：中国证券监督管理委员会官网。

2. 监管逐渐统一有利于评级机构开展评级业务

我国信用评级行业的产生与发展离不开监管的大力支持、引导和培育，但随着债券市场的发展，市场需求增加，监管也曾经存在着监管规范供给不足、多头监管的现象。多年来，由于评级机构面临多个监管机构，多头管理带来的规则不统一问题也大大增加了管理成本和沟通成本。

为了解决监管不统一的问题，2019年11月发布的《信用评级业管理暂行办法》，便规定了"行业主管部门＋业务管理部门＋行业自律组织"的管理框架，规定了中国人民银行为行业主管部门，国家发展和改革委员会、财政部和中国证券监督管理委员会作为评级业务管理部门，评级行业自律组织（交易商协会、证券业协会、国债协会、外部评级风控委员会等）具备行业自律权限，旨在统一监管方面迈出实质性步伐。2023年3月，企业债券的发行审核职能转变是监管统一的重要一步。监管统一提升政策供给的一致性，银行间和交易所互联互通提升信息共享程度，有利于评级机构在开展业务过程中节约管理成本和沟通成本。

3. 我国评级机构正处于从数据技术应用初级阶段向大数据智能应用阶段的转变时期

当前，大数据、人工智能和区块链等新数据技术（金融科技）快速迭代，正加速重塑我国金融生态。信用评级领域是数据驱动型行业，评级数据获取与有效应用是评级机构提高评级质量的核心竞争力。因此，新数据技术也将变革评级行业的作业模式与竞争格局。目前我国评级行业在数据识别、分析与应用上存在需要攻克的技术壁垒，如财务数据时效性滞后、会计信息造假以及企业信用风险传导预警等。因此，如何利用这些金融科技解决评级数据识别与有效应用问题，成为评级机构数字技术运用的出发点。

根据《中国债券市场信用评级年度报告》（2023）可知，目前我国部分评级机构不断强化自身数据库和技术系统的建设和应用，提升科技赋能。部分评级机构探索利用大数据、人工智能等技术，搭建从海量数据中挖掘企业信用风险识别、研判的技术模型；加强区块链技术研究，探索对评级信用存证、基于隐私计算的信用分析模式。2022年评级机构共升级或新建 50 个数据库或信息系统，较 2021 年增长 108.33%，目前累计拥有数据库及信息系统 165 个。

4. 评级机构重视提升合规意识和合规水平

从近年来的监管检查发现的问题和处罚效果可以看出，相对于传统金融行业，评级行业普遍存在合规意识不强、合规水平不够的现象。首先，评级机构合规意识不强，资料核查不充分、追求项目进度而忽视合规规定等问题时有发生；其次，从业人员合规意识总体不强，主要体现在评级作业过程中，未按照规定程序、规定标准进行等；最后，合规管理水平不高，评级机构虽然经常完成监管检查和自查，但作业规范性、档案管理、质量控制等方面仍存在一定缺陷。在监管趋严的情况下，评级机构对合规的重视程度有所提升，成立合规部门提高合规管理水平，组织专业培训增强全体从业人员合规意识。

5. 面对业务模式较为单一的情况，评级机构探索创新发展和多元化发展

国内评级机构 95% 以上的收入来源于主体和债券评级业务，经营业态过于单一，受债券市场环境变化的影响极大，抗风险能力不强，创新能力不足。究其原因，一方面，监管机构对评级业务的类型有着一定的限制；另一方面，来自监管红利，长期以来的强制评级和实际上的特许经营使评级机构长时间处在舒适区，习惯了"懒人思维"，进取精神不够。长此以往，国内评级机构将缺乏与国际主流评级机构竞争的基础能力。

以国际三大评级机构为例，创新发展和多元化发展是其近年来发展的主要特征。创新发展主要体现在对金融科技的研发与运用、新业态的拓展等方面，创新发展已成为其可持续发展的重要驱动力。

多元化发展主要是体现在非评级业务的拓展，国际三大评级机构经过近百年的发展，评级业务收入虽仍构成其业务收入的主要来源，但其重要性已持续下降。

（二）评级机构业务运行情况

据2023年第三季度债券市场信用评级机构业务运行及合规情况通报，中国证券监督管理委员会、交易商协会就15家信用评级机构的业务发展情况等进行了总结。15家评级机构共承揽债券产品3171只，同比增加21.82%，环比上升10.80%；分机构看，中诚信国际、联合资信和东方金诚的业务量占比分别为40.30%、25.45%和11.61%，其余评级机构业务量占比均不足10%。此外，评级机构共承揽非金融企业类主体评级1592家，金融企业等其他类主体评级136家。

截至2023年9月30日，15家评级机构共有分析师1653人，同比减少17人。从业经验在3年及以上的分析师占比为58.68%，同比提高2.45个百分点；5年以上从业经验分析师占比42.65%，同比提高2.53个百分点。2023年三季度，3年及以上从业经验分析师人均业务量为4.80个百分点。其中，中证鹏元人均业务量最多，为7.86个百分点；其次是大公国际、联合资信和东方金诚，分别为5.96个百分点、

5.81 个百分点和 5.55 个百分点。

各评级机构业务情况方面,从披露评级机构信息的债项[①]来看,2023 年 1—12 月评级机构承做债项只数同比略增 3.02%,发行规模略降 1.99% 至 124260.90 亿元,9 家评级机构[②]承做新发债合计 12409 只。6 家主要评级机构中,中诚信国际和联合资信承做债项只数市场份额较大。2023 年 1—12 月主要评级机构承做新发信用债情况如表 6-2 所示。

表 6-2　2023 年 1-12 月主要评级机构承做新发信用债情况

评级机构	2022 年 1-12 月 只数/只	2022 年 1-12 月 规模/亿元	2023 年 1-12 月 只数/只	2023 年 1-12 月 规模/亿元	同比变化 只数同比/%	同比变化 规模同比/%
中诚信国际	4677	59414.71	5255	58448.80	12.36	−1.63
联合资信	3769	38207.01	3828	40101.86	1.57	4.96
上海新世纪	1602	12904.02	1049	8581.39	−34.52	−33.50
东方金诚	866	7328.23	935	7300.90	7.97	−0.37
中证鹏元	608	3662.07	796	5276.48	30.92	44.08
大公国际	462	4295.77	533	5182.94	15.37	20.65
总计	12045	126789.58	12409	124260.90	3.02	−1.19

资料来源:Wind,大公国际整理。

---

① 统计口径为剔除国债、央行票据、同业存单、政策银行债、标准化票据、地方政府债,并且有评级机构信息的信用债。
② 中诚信国际、联合资信、上海新世纪、东方金诚、大公国际、中证鹏元、远东资信、标普(中国)、惠誉博华。

从被披露的评级机构的新发传统信用债[①]来看，2023年1—12月发行了3761只传统信用债，较2022年1—12月的3988只缩减了5.69%。其中，主体评级为AA+及以上级别的占比约78.84%，2022年同期该占比为83.02%，优质主体比例有所减少；无债券评级的传统信用债数量共计1561只，占比达41.50%，这一比例较2022年同期的34.90%有较大程度上升。

从评级机构来看，2023年1—12月，6家评级机构无债项评级新发行传统信用债占其新发行传统信用债比例同比均有所上升。其中中证鹏元无债项评级占比最低，为26.92%；上海新世纪无债项评级占比最高，达到57.65%。评级机构承做无债项评级传统信用债占比变化如表6-3所示。

表6-3 评级机构承做无债项评级传统信用债占比变化

评级机构	2022年1—12月 新发行传统信用债数量/只	2022年1—12月 无债项评级新发行传统信用债数量/只	2023年1—12月 新发行传统信用债数量/只	2023年1—12月 无债项评级新发行传统信用债数量/只	2023年1—12月 无债项评级新发行传统信用债占比/%
中诚信国际	1584	538	1560	625	40.06
联合资信	1122	398	1062	457	43.03
上海新世纪	510	261	340	196	57.65
东方金诚	353	92	316	119	37.66

---

① 为分析取消强制评级所产生的影响，本节传统信用债统计口径为披露评级机构信息的一般短期融资券、一般中期票据、一般公司债、一般企业债，该4种债券为公开发行的、之前有强制评级的债券类型。

(续表)

评级机构	2022年1-12月		2023年1-12月		
	新发行传统信用债数量/只	无债项评级新发行传统信用债数量/只	新发行传统信用债数量/只	无债项评级新发行传统信用债数量/只	无债项评级新发行传统信用债占比/%
中证鹏元	206	24	260	70	26.92
大公国际	216	84	245	100	40.82
合计	3988	1392	3761	1561	41.50

资料来源：Wind，大公国际整理。

综上，近年我国信用评级机构业务运行具有以下特点。第一，市场占比集中于中诚信国际和联合资信，但相比国际三大评级机构在欧美市场的寡头垄断格局，我国评级行业集中度尚未出现"极高"的局面。第二，由于改为了评级机构备案制，且数量不设上限，我国评级行业出现了若干新兴评级机构。这些评级机构在现阶段市场占比尚小，但评级行业竞争程度势必更加激烈。第三，虽然出现了5家投资者付费模式的评级机构，但现阶段我国评级行业仍以发行人付费模式为主。第四，我国评级行业既存在市场拉动，又需要技术驱动。各评级机构在顺应市场需求的前提下，通过信息化、数字化、智能化实现转型升级，增强核心竞争力。第五，随着我国债券市场的扩容、券种的丰富、对外开放的扩大，评级机构业务板块有增加趋势，评级产品开发重要性增大。

（三）评级机构发展面临的挑战

1. 信用评级区分度不足

首先，国内评级区分度较低，尚未形成多层次信用风险的评级体系。目前债券市场的信用等级主要集中在 AA～AAA，发行人信用评级的等级分布范围小，存在评级过度集中等问题。其次，从评级质量检验结果来看，违约率倒挂、级差倒挂的情况时有发生，利差分析也会出现检验不显著的情况。

2. 信用评级机构的独立性不足

一方面，我国信用评级行业产生在刚性兑付和利率管制的年代，信用评级并不是市场的需求，而是监管机构的扶持；同时信用评级主要采用发行人付费的模式，易导致发行人占主导地位，信用评级机构在公正性、真实性、客观性等方面向付费的发行人倾斜，直接影响债券风险定价。另一方面，在强制评级取消等背景下，债项评级需求降幅明显，尤其是对包括短期融资券、中期票据等在内的传统信用债来说，无债项评级占比已从 2021 年的 19% 大幅提升至 2023 年末的 42%。同时，传统评级市场已趋于饱和，信用评级机构易迫于生存压力主动迎合市场，间接影响债券风险定价。

3. 信用评级机构的业务模式单一

目前，国内信用评级机构 95% 以上的收入来源于评级业务，经营业态过于单一，创新能力不足，且受债券市场环境变化的影响很大，抗风险能力不强。同时，评级市场饱和度提高，已进入"红海"，评级行业收入的增速整体呈现放缓趋势，盈利能力下降明显，未来整体的发展空间有限，需要开拓新兴业务。

4. 评级行业公信力有待提升

2023 年 1—9 月国内债券市场发生实质性违约的发行人共 27 家，涉及的违约债券有 79 只，违约规模达 534.97 亿元。债券市场违约"常态化"，以及高信用级别的混合所有制企业、国有企业频繁"暴雷"，暴露出了信用评级行业存在评级结果虚高、风险预警功能不足等问题，导致投资者和市场其他参与者对信用评级机构的公信力产生怀疑，对信用评级报告的认可度并不高。当前，中国信用评级领域不是部分企业的公信力不高，而是整个行业的公信力不高。

5. 数字基础建设尚不完善

从数据层面看，为核实受评企业提供数据的真实性，信用评级机构还需要第三方提供数据进行交叉验证，但第三方数据零散地分布在银行、市场监督管理部门、税务机构等地，各部门与机构之间数据互联共通的桥梁和渠道尚未建立。从技术层面上看，信用评级行业尚未有具体明确的数字化转型政策意见及配套措施；同时，信用评级行业内大模型构建、算力提升、生成式 AI 研发等进度相对缓慢，与国际信用评级机构相比还有差距。

另外，在人工智能、大数据、区块链等引导的科技革命到来之时，信用评级行业是否有存在的价值取决于信用评级机构是否能提供区别于其他智能平台的专业评级产品。无论评级行业是否可能被取代，"级别"本身在资本市场的有序运作中永远是有价值的。围绕这一核心价值，信用评级机构若能掌握人工智能等技术，开发出领先于其他智能平台的专业信用评级智能平台，提供市场认可的评级产品和评级结果，那其就有决定未来评级行业是否存在及发展方向的话语权。反之，则有可能被智能平台所取代。

6. 缺乏有效的国际影响

当前标普、穆迪和惠誉三大信用评级机构的国际市场份额超过90%，在全球信用评级行业处于绝对寡头垄断地位，掌握着国际信用评级体系的话语权，以及国际资本市场的定价权。相较而言，中国虽已成为仅次于美国的全球第二大债券市场，但中国信用评级机构在国际上的影响力不足，国际市场对中国信用评级机构的评级结果和信用评级技术认可度不高。

第四篇

信用评级行业的发展趋势

第七章　国际信用评级市场未来的发展趋势

从全球评级行业的发展历史可以看出，评级行业的出现、发展和壮大是国际金融市场对评级业的市场需求所推动的。尽管目前评级行业在国际金融市场和监管架构中起到多种多样的作用，但归根结底，评级行业的市场竞争力来源于对市场风险的评价和投融资双方不对称信息整合等方面的技术优势和数据积累。当前，随着国际金融市场的全球化发展，金融创新不断涌现，各类衍生品的结构日趋复杂，给市场参与者带来更多的风险和未知。在这种情况下，评级行业市场的风险甄别和投资判断作用更加突出，可以预期，未来全球范围内，对信用评级的需求仍会维持较高的增长势头，行业的业务领域也会不断拓展。

评级监管体系和制度的变化是信用评级行业的一个重要特征，也是未来评级市场发展的一个重要方向。2007年金融危机爆发之前，市场对信用评级服务的需求和兴趣显著增长，涉及的市场行为主体不仅包括银行、债权人、养老基金管理公司和保险公司，还包括金融监管机构。国家和国际监管机构通过评级进行监管，对信用评级的使用越来越多。在监管中使用评级是基于灵活的规则，允许国家和国际监管机构根据不同程度风险的监管要求进行自动调整。2007年金融危机爆发之后，信用评级监管制度改革已经成为后金融危机时期金融市场监管中最为重要却又尚待解决的一个问题。各国政府部门、监管机构、市场从业者和学术界对此问题都非常关注，近几年，信用评级产业结构和监管制度改革相关的学术活动数量激增，信用评级监管制度改革的紧迫性和重要意义显而易见。相关建议具体包括促进信用评级机构之间的竞争、加强民事赔偿责任、由发行人付费模式转为用户付费模式等。美国立法机构采纳了其中一些建议，相继取得了一定的立法进展。

一、国际信用评级体系格局面临的变革

长期以来西方评级体系拥有巨大的国际话语权和广泛的采信度，尽管世界上不少国家和国际组织提出了变革国际评级体系的诉求，却没有实质性的进展。未来若干年有望迎来实质性的变革，其原因：一方面是多次全球性金融危机后大众对于现存西方评级体系的认知进一步加深；另一方面则是国际金融市场和资本全球流动带来的对于国际评级体系改革的诉求。

评级体系变革的声音来自主要金融机构和监管机构。近年来鉴于主要金融机构的系统重要性，各国监管机构要求各主要金融机构强化自身内评的趋势有所增强。这一趋势固然会抢走专业评级机构的部分市场业务，但广泛要求市场投融资主体进行内部评级并不现实。即便以长期的发展趋势看，专业评级机构的市场作用仍难以取代。

（一）国际金融市场融合发展与新型国际评级体系

国际金融市场的融合发展和资本的全球化配置是推动国际评级体系变革的主要力量。以中国为代表的新兴经济体近年来的快速发展，资本的跨境双向流动、人民币的国际化发展趋势等，这一系列资本市场的标志性事件，都要求在国际评级领域有更多的来自非西方主流评级机构的声音。

以人民币的国际化为例。西方国家之所以可以过度负债，美国之所以可以有庞大的财政赤字，究其根本在于美元的国际化地位。目前美元国际储备货币的地位固然与其强大的军事、经济、外交等要素密不可分，但一个容易被忽视的重要因素就是由美国主导的国际评级体系对美元主体地位的"加持"。从这一意义上讲，改革现存国际评级体系必然会触及美元主权货币的国际地位，其所面临的阻力显然不仅仅来自既得利益之一的评级机构。例如，在疫情暴发后，英美等国由于对疫情应对不力，不得不采取超宽松的货币政策对冲自身经济的急速下滑，这些发达经济体一定程度上成为现代货币理论（Modern Moneary Theory）的实践者。超宽松货币政策在缺乏实体经济支撑的情况下，必然导致英美等国政府债务的进一步恶化，在较客观的国际评级市场体系下，这些国家的主权货币信用等级必然面临下降。但在现存国际评级体系的主导下，美元、英镑等货币的主权信用依然维持在很高的等级。随着国际资本市场的开放和融合，中国等新兴市场经济体的资本流动性加大，以本国货币国际化为特征的资本全球化趋势已经形成，现存国际评级体系显然已经成为这一发展趋势的桎梏，新型国际评级体系的出现是时代的必然要求。

新型国际评级体系要从体系的组织构成、评级标准和跨境评级监管等领域做出巨大的变革。由于历史的沿革和利益关联，新旧体系之间的关联并不能被完全切割，在一定时期内将会形成新旧共存的局面，但长期而言，新体系终将取代旧体系。针对新旧体系的辩证关系，本书认为，新型的国际评级体系应该以非主权性质的国际评级机构为主体，有一个全球统一的国际评级标准，还要有一个真正意义上的国际评级监管体系……建立这个新体系不是要一举消灭旧体系，而是让新旧体系共存，让市场做出选择。

(二) 国际评级体系格局的变革方向

新型国际评级体系格局的变革将体现在三个方向：一是新型国际性评级机构的出现，以打破目前国际评级市场的寡头垄断局面；二是新型国际评级标准的制定，以反映不同评级主体所处政治、经济、市场制度等环境要素的多元化；三是新型国际评级监管标准和监管准则的形成，以反映在以跨境资本流动和配置为特征的金融市场全球化背景下市场监管的要求。

1. 全球性信用评级组织的建立

全球性信用评级组织应当持续研究全球信用风险的演进规律，制定科学的风险评价标准，确保向国际金融市场提供信用评级信息的权威性。

全球性信用评级组织的权威性应当来自世界各国共同授予的特许发布权，绝非市场自由竞争的结果。要按照独立性、公正性、公平性、科学性和非竞争性五个基本原则建立，其构想是通过三个层次，两套并行系统实现世界评级组织架构。三个层次为全球信用评级组织、地区信用评级组织、国家信用评级机构；两套并行系统是指每一层次建立两个同样的机构，进行评级制衡，保证国际评级体系健康运行。

2. 制定世界信用评级标准

评级作为全球的信用风险衡量标准，在评级符号、评级标准和评级数据标准三个方面要保持一致性。同一评级符号在不同国家、地区、行业、企业和信用产品之间表达的风险度是一致的。在不同国家、地区、行业、企业信用风险形成特殊性研究对比的基础上，建立全球一致的评价信用风险总原则，并在这一原则指导下建立信用风险主要指标的比较系统和评级信息支持系统。评级数据应该在数据收集、分析、使用方面做出统一规定。

世界信用评级标准的制定必须尊重各国信用风险形成规律，在评级一致性原则指导下，充分考虑债务国由其政治、经济、金融、法律、文化、生产力发展水平所决定的国情。

3. 建立世界信用评级监管组织和标准

世界评级监管体系由世界、地区和国家三个层次的信用评级监管组织形成，建立时应该贯彻独立性和专业性原则，重点关注人才素质、收费方式、评级作业、合规管理、信息披露和技术进步六个方面。

世界信用评级监管组织是独立于世界信用评级组织的国际评级监督管理机构，不代表任何国家和组织的利益，完全独立履行监管职责。

世界信用评级监管组织还是一个专业化程度很高的机构，对信用评级技术和业务越熟悉，越能体现监管的有效性。它的目标是在支持世界信用评级组织通过评级技术创新满足信用经济全球化发展需要的同时，注重对评级组织的风险监控，使国际评级体系平稳运行，避免发生因评级失误导致的局部性或全球性金融危机。

二、国际信用评级市场竞争格局的发展趋势

（一）国际信用评级市场寡头垄断格局仍将持续

近年来，伴随着发展中国家金融市场的持续开放和全球化发展，评级行业的全球化推进步伐也随之加快。美国以外地区的评级行业起步较晚，以穆迪、标普、惠誉为代表的国际评级机构在各类评级市场中占据着绝对的寡头垄断地位，国际主要金融组织对三大评级机构的采信也进一步稳固其寡头垄断地位，不仅如此，美国NRSROs过于苛刻的授权"门槛"也在一定程度上对现有评级机构的市场地位形成一定保障。因此，就未来国际评级市场的格局和走向看，以三大评级机

构为主导的评级寡头垄断的格局仍将持续。但同时也应注意到，随着区域性合作逐步取代全球性合作，评级机构对跨区域资本流动的影响力有所减弱。

发展中国家金融市场对外开放的持续加快也加剧了本土市场的激烈竞争。一方面，国际主流评级机构在新兴市场评级领域的扩张会带来扰动行业发展的"鲶鱼效应"，促进发展中国家的评级行业在技术标准和评级模型等方面趋向规范，但同时，发展中国家的评级机构普遍存在国际影响力小、市场竞争力弱、市场局限在国内等弱点，故其开放后同国际主流评级机构相比，除了"地利"外，其他方面都处于劣势。因此，从长期发展的趋势看，新兴市场经济体中竞争力弱的本土评级机构有可能会逐步淡出市场。另一方面，发展中国家的评级机构进入国际评级市场还面临着较高的市场和技术壁垒，发展中国家的评级机构进入西方评级市场的难度要远高于后者进入发展中国家评级市场的难度。综上，相较于金融全球化带来的发展中国家评级市场竞争加剧的格局，全球评级市场目前的寡头垄断格局预计仍将持续较长的时间。

（二）评级技术创新改变行业业态和竞争格局

未来评级行业发展的一个方向是服务业态的变化。换言之，随着评级市场竞争的加剧以及非强制评级渐成潮流，评级行业市场竞争主体逐步由传统的服务发行人转向了服务投资人和评级主体。这一趋势也促进了进一步加强评级技术创新，并逐步向提高评级的有效性和客户的体验性等方面转变。同时，随着数字化技术的普及，评级行业的业态也迎来了新一轮的变革。

国际评级机构经过多年的发展，积累海量本土及其他国家的数据，为数字化转型提供了良好的基础。在数字化转型过程中，国际评级机构一方面通过行业内和行业外上下游资源整合以及收购、兼并有关的模型公司、数据公司、财务公司等，为其评级业务提供更有利的模型和数据支持；另一方面通过大数据、区块链、云计算等信息技术对其评级业务进行数字化改造，对数据、模型、结果输出与呈现方面不断优化。经过数字化转型后，国际评级机构使其评级及咨询业务焕发了新的活力。一是评级机构之间的竞争从之前由智力资源支撑的级别竞争，转变为数字化系统加智力资源支撑的服务竞争；二是在原有板块扩充海量数据进行大量相关性分析，信用风险识别与监测水平显著提升；三是向市场提供的产品从传统的评级报告转向多元化、精细化、定制化、满足市场需求的信用信息服务与信用风险解决方案，产品和服务附加值更高，更有竞争力。

国际上近期人工智能（Artificial Intelligence，AI）技术的应用也为评级行业的业态转型注入了新的血液。未来 AI 将极大改变传统评级主体数据的来源和处理模式，评级的效率和准确性不断改善，同时评级流程以及机构同客户之间的交互模式等也将出现重大改革。

AI 技术的广泛应用，改变了传统的评级技术，对于大数据处理的综合应用，可以更全面了解被评主体的信用状况。以穆迪为例，2023 年 6 月，穆迪公司使用微软的 Azure OpenAI Service 创建了一个生成式人工智能（Generative AI）助手，穆迪将其命名为"穆迪研究助手"（Moody's Research Assistant）。该助手工具将向包括分析师、银行家、顾问、研究人员和投资者在内的客户推出。对客户而言，通过使用该助手，可以分析评估风险所需的大量信息，获取多视角的风险评估方案。例如，该助手可以在保障信息安全的前提下，从多渠道（包括 Microsoft Teams）的复杂数据源中快速汇总和生成客户需要的各类信息，如企业统计信息（firmographic）、信用指数（credit indicator）、经济预测、企业风险和信誉状况等。

在企业内部，穆迪推出了同微软合作创建的 AI 助手技术，员工借助这一工具来搜索大量内部信息，包括穆迪的 Orbis 公司数据库。双方公司合作的要点主要包括：①基于微软的 Azure OpenAI Service 的增强数据和风险管理服务，微软和穆迪共同创设新的面向研究和风险评估的产品和服务；②在穆迪全球 14000 名员工中部署"穆迪助手"（Moody's CoPilot），该工具助手借助最新的大语言模型（Large Language Models，LLMs）和微软的生成式 AI（Generative AI）技术，整合穆迪的专属数据和研究方法，通过安全隔离的数字沙盒（digital sandbox）模式提升员工工作效率；③微软团队可以内部使用穆迪目前的各类产品解决方案，包括其 Orbis 数据库以及所包含的第三方参考数据、交易对手风险评估和供应链管理在内的应用程序，以促进共同创新；④通过微软的 Microsoft Fabric 分析平台实现对两者共享客户的端对端（End-to-End）数据推送；⑤穆迪承诺使用微软的 Azure 云平台支持其生成式 AI 能力和云端应用。

通过穆迪和微软在数据共享、数据分析上基于最新人工智能领域的技术创新，评级行业从评级模式和分析师的工作协同模式，都将随之发生巨大的变化。此外，从理论和实践上，随着 AI 技术在评级行业中应用的进一步推广，传统评级方法中所固有的一些局限性将获得突破。例如，以往由于对评级主体大量周边数据或处理手段的缺失，通常把历史违约率作为评价发行人的重要参数，而且传统信用评级的信用级别赋值是需要建立在评级主体过往的信用记录上的。但对于一些没有过往信用记录但同时又具有债务偿还能力的主体而言，就难以通过传统评级方法获得较好的主体信用级别。而 AI 则可以借助大数据技术，对评级主体的信用状况给出更全面的评估，突破传统信用评级框架固有的限制。通过穆迪的实践，可以窥见 AI 等技术方面的颠覆性创新应用将给未来评级行业带来的巨大变化。

（三）主权评级领域的垄断局面有望被打破

国家主权信用评级一直是西方评级体系所把持的一个重要领域。之所以说它重要，是因为从过去若干年的国际金融发展史可以看出，主权信用评级起到了国际资本流动的指挥棒和风向标作用，在金融全球化时代起着国际资本全球布局配置的引领作用。然而，从三大评级机构在主权评级方面所起的作用看，显然并没有起到稳定国际金融市场、避免主权风险发生的作用，反而受背后国际资本势力的影响，对主权风险的爆发起到了推波助澜的作用，在从 1997 年的亚洲金融危机，到 2008 年的全球金融危机和其后的欧洲主权债务危机等一系列事件中都得到了证明。

金融危机发生后，尤其是 2008 年金融危机爆发后，强监管趋势倒逼三大评级机构对其业务模式进行改革。三大评级机构利用其国际评级市场先驱优势（First-Mover Advantages）和在主权评级领域的话语权，在国际评级市场获得了巨大的利益。更根本的原因还在于一个区域或主权国家金融危机的爆发，同评级机构背后资本的利益是密切相关的，换言之，由于利益的纠葛，评级机构主观上缺乏揭示主权信用风险因素的根本动力。

鉴于此，国际上许多经济体和主权国家对三大评级机构的主权评级结果持怀疑态度，并着手寻找替代方案。举例来讲，2011年欧债危机发生后，国际货币基金组织将主权评级视为威胁金融稳定的影响因素之一，要求加强对主权评级监管的呼声很高。此后，围绕主权评级展开的讨论主要集中在提高主权评级透明度、改进主权评级方法论和评级流程等方面。如欧盟在2011年《欧盟信用评级机构监管法规》修改草案中要求主权评级必须公布完整的评级报告（包括评级理由和依据），限定主权评级结果的发布时间窗口（避免在交易时段公布），为市场预留反应时间。此外，鉴于主权评级巨大的影响力，欧盟在出台监管规则的同时，也鼓励各部门探索构建欧盟区域评级机构的可行路径。

金融危机后，新兴市场经济体和饱受金融危机冲击的发展中国家对西方主流评级机构顺周期主权评级的负面作用体会更深，要求公正客观主权评级的诉求更为强烈。三大评级机构对全球经济的深刻影响说明，市场经济中"信用话语权"起着至关重要的作用。以中国的发展为例，虽然是世界上最大的债权国，但信用评级行业的发展却远远滞后。随着金融全球化步伐的加快，新兴市场和发展中国家的评级机构会在主权评级领域发出更多声音，现存主流评级机构垄断主权评级领域的局面有望打破。

三、国际信用评级监管格局的发展趋势

国际评级监管体系传统上是相对独立的，从监管的范围上看，一国的监管机构监管规则的适用范围局限于本国经营的评级机构。然而，随着资本的全球化流动和国际金融市场的融合，资本市场的发展逐步超越了地理界线的限制，国际评级监管格局的未来变化将反映出跨区域监管合作成为国际评级行业监管的新趋势。

（一）评级体系采信向多元化发展

众所周知，金融危机之前，西方主要评级机构的国际影响力使其成为众多国际组织和金融机构全球金融监管和协调的主要参考，巴塞尔银行委员会、美国、欧洲等国家和地区的大多数监管机构在其监管规则中大量引用以西方主要评级机构尤其是美国 NRSROs 组织成员所作出的评级结果。监管对主要国际评级机构评级结果的使用赋予其准监管的地位。此外，在监管规则的引导作用下，金融机构以及投资者在投资决策中严重依赖外部评级机构，缺乏独立的风险评估，在投资者高度依赖和普遍采用外部评级的情况下造成了市场投资决策趋同，机构层面出现"羊群现象"，这就导致评级结果的调整会给市场带来巨

大的冲击。

金融危机后,国际社会对于以往在金融监管中过度依赖外部评级机构进行信用评级的做法进行了反思,评级的顺周期问题上升到影响宏观审慎性政策的层面。例如,2010年金融稳定理事会(FSB)发布《关于降低信用评级机构依赖的高级原则》,明确了降低评级依赖的方向和具体要求。为克服对信用评级的过度依赖,各国积极推动在法律监管框架、内部风险管理和投资决策等方面的"去评级化",鼓励建立内部信用风险评估机制或探索其他替代机制。美国、欧盟均在法规中明确要求,监管部门应在相关监管文件和技术标准中避免引用外部评级。在减少金融机构对评级机构的依赖方面,欧盟要求所有金融机构均应减少对外部评级的依赖,建立自身信用风险评估体系。金融稳定理事会(FSB)还提出,应降低具体金融活动对信用评级机构的依赖,主要包括中央银行操作、银行审慎监管、机构投资者设定内部投资参考标准和政策、市场参与者与中央对手方合约、发行人信息披露五个方面。

未来主要国际评级机构将更多依赖内部评级结果作为金融监管和标准制定的依据。外部评级结果作为直接监管标准的作用逐步弱化。此外,随着国际评级体系改革步伐的加快,非西方评级机构主导的新型国际评级体系将逐步走向舞台,扮演更重要的角色。一定时期内,国际金融监管采用双评级或多评级为大势所趋,评级体系采信将向多元化发展。

（二）监管模式与标准的未来趋势

纵观过去一百多年中全球评级行业的发展史可以看出，美国评级市场经历了"最早诞生（行业自律）—国家认可（金融服务业转型）—国际广泛认可（获准监管话语权）—金融事件及危机（评级立法强监管）"的过程，随着全球债券市场的不断扩容和国际资本流动增长，信用评级机构在资本市场的"能量"也随之增长。所谓"能力越大，责任越大"，在评级行业道德风险控制机制尚未完善的情况下，评级行业的"强监管"模式仍将持续，以填补行业自律的真空。

而作为评级市场的"跟随者"，欧盟和亚洲以及世界其他国家和地区的评级机构和监管体系，由于缺少美国评级业上百年的发展和信誉积累过程，这些地区的评级业天然就缺少类似西方三大评级机构那样的"信誉资本"，评级机构的影响力、公信力和市场份额远低于美国。因此，传统上从监管模式以及对待评级机构的立场同美国市场有所不同，其结果是，欧盟、日本等国家和地区在加强监管的同时，更加注重采取措施保护本土评级机构，防止本国评级体系在完全市场竞争条件下被寡头垄断机构击溃。由于不同地区评级机构发展阶段的差异，从中短期评级市场的竞争格局看，适度采取措施保护本国评级机构是发展中的必然。

从全球评级行业的监管角度看，无论美国市场还是非美市场，"强监管"模式将成为未来这一行业的总体趋势。大多数主要经济体，包括美国和欧盟，对信用评级机构监管方式的选择，将不可避免地在市场独立性和信用评级的行业竞争之间进行权衡，而金融体系的全球化，必将使这一权衡的过程更为复杂。2008年全球金融危机给各国监管机构带来的教训之一就是重新审视评级机构这一传统的金融中介组织在危机酝酿和扩散中所起到的独特作用，也是对评级机构"由松到紧"转换的分水岭。

从监管制度和模式上，虽然美国和欧盟的监管制度可能无法实现完全的"融合"，但目前在监管制度和模式上正逐步趋同。一方面，金融市场全球化发展对评级的跨境监管有现实的要求；另一方面，国际主要评级机构随着国际评级市场的融合趋于在全球经营和开设分支机构，这对各国的监管协作也提出了新的要求。这些因素都促成了未来国际监管模式和制度的趋同。

概括起来，未来一段时期，国际信用评级市场将迎来一轮新的变革与发展。从国际评级体系的角度，新型国际评级体系的建立有望迈入实质性的建设步伐；从国际评级市场竞争的角度，国际评级市场将随着资本的全球化流动而逐步形成全球性的竞争市场，评级行业从评级标准、技术等方面有望形成较为统一的全球性标准；从国际评级监管格局的角度，"强监管"模式仍将持续，同时金融市场的全球化将推动国际评级监管标准逐步趋同。

第八章　中国信用评级行业的发展趋势

一、中国信用评级行业发展面临的新形势

随着国家对金融供给侧结构性改革的不断推进，国内金融市场以及评级行业也将朝高质量发展方向迈进，信用评级行业将面临来自科技环境、监管环境、债券市场发展变化等带来的新的挑战和机遇，主要有以下几个方面。

（一）科技创新引领信用评级高质量发展，探索形成评级领域新质生产力为当前首要任务

以人工智能、大数据等为代表的新一轮科技革命预计将给信用评级机构的业务模式、产品创新等各方面带来较大影响。一方面，新技术的发展和使用，如人工智能、大数据、区块链等技术，将大幅提升评级机构的经营效率，海量评级数据的自动处理、评级报告的自动生成等将成为现实，风险预警的准确度、及时性将大幅提升，评级产品和服务也将更为个性化、定制化；另一方面，新一轮科技革命中未能掌握前沿技术的评级机构，也将面临被超越、淘汰的风险。

2023年11月，中国人民银行提出"支持有实力的金融科技力量进入评级市场，鼓励存量机构整合壮大"，并释放"评级+科技"或"科技+评级"的积极信号。2024年的《政府工作报告》提出，要大力推进现代化产业体系建设，加快发展新质生产力；要充分发挥创新主导作用，以科技创新推动产业创新；加快推进新型工业化，提高全要素生产率。中央经济工作会议也将"以科技创新引领现代化产业体系建设"作为重点工作的第一项。总的来看，各行各业加快科技创新已是当前首要任务，对于信用评级行业而言，评级机构不仅需要加大对前沿科学技术的掌握与应用，还需要加大对自身技术的研发与创新。未来，评级行业将迎来新一轮评级理论、评级产品的创新，以及基于评级技术的衍生品的创新，获得从"0"到"1"的机遇。同时，信用评级服务的主体也将扩大到政府机构、园区单位以及其他类型的商业实体。

（二）监管环境向强监管、严处罚转变，给评级行业经营管理带来新挑战

2021年3月，中国人民银行、国家发展和改革委员会、财政部等五部委联合发布的《关于促进债券市场信用评级行业高质量健康发展的通知》出台，标志着我国评级行业强监管、严处罚时代的全面到来。2021年以来，监管部门对多家评级机构开出罚单，检查频次、深度和罚款金额屡创纪录，市场各主要评级机构已经受到或即将受到较为严厉的处罚或行政监管。2024年2月，中国人民银行官网公示

六份对评级机构的行政处罚决定，合计罚款约 3447 万元。中诚信国际、联合资信、上海新世纪、中证鹏元、标普信评、远东资信等 6 家评级机构被行政处罚，被罚评级机构涉及未按规定办理备案、未按照法定评级程序及业务规则开展信用评级业务、违反独立性要求等违法行为。

监管环境的变化源自监管机构和市场对评级机构应当起到信息对称、信息共享和风险预警等方面的作用。这对于评级机构提高信息和数据挖掘的技术手段、改进尽调方式、强化尽调责任等方面都提出了更高的要求，需要通过技术、管理以及思想建设等多方面来强化提升评级机构的信息披露意识和评级的准确性。同时，监管环境的变化对评级机构的合规经营、规范操作也提出了更加严格的要求。评级机构不仅要全面提高合规、内控机制建设，还要提升集体合规意识，将评级合规操作提高到评级机构经营管理的战略层面予以重视。这对于评级机构来说是一次全面且深入的改革。

（三）债券市场的高速发展和债券市场环境的变化对评级机构的评级技术和评级质量提出更高要求

随着我国金融市场的不断扩大开放，我国债券市场无论是从规模还是市场主体的多元化，再到产品的创新都在进行着改变。评级作为债券市场重要的风险定价工具和关键基础，其评级过程的严谨性、评级结果的区分度、信用风险预警的及时性等都对债券市场的健康发展起到重要作用。因此，需要评级机构根据新的市场环境变化，不断提高评级技术水平、创新评级技术手段、强化评级作业流程管理控制，尽可能最大限度地发挥出评级机构应有的资产定价和风险揭示作用。

（四）评级市场发展由"监管驱动"迈向"市场驱动"，评级行业步入重塑转型期

2021年发布出台的《公司债券发行与交易管理办法》和《证券市场资信评级业务管理办法》，先后取消了公司债发行过程中强制评级和注册环节强制评级的要求。至此，我国评级行业发展模式正式从"监管驱动"逐步走向"市场驱动"，评级机构的市场竞争力以及持续发展将在更大程度上取决于投资人的认可度。

我国评级行业从成立之初一直以监管驱动为主要发展动力，由于监管设定了债券发行环节的信用等级"门槛"要求，造成能够发行债券的企业信用情况普遍较好，间接助推了行业高度竞争下高信用等级的主体占比过大局面的形成。强制评级的取消使得我国评级行业从"监管驱动"转向"市场驱动"，"市场驱动"的行业发展模式须打破以往评级市场的惯有秩序。同时，声誉机制对评级机构的影响更加显著，投资人和发行人将真正地从评级客观性、独立性、权威性、准确性等角度出发选择合适的评级机构。

另一方面，强制评级规定的取消，不少优质发行人在发行债券时不再评级，短期内也给评级行业业务增长带来一定压力。公开数据显示，自2021年强制评级取消以来，包括短期融资券、中期票据、公司债和企业债等在内的债券品种，其无债项评级的新发债占比持续提升，2023年上述债券品种的无债券评级新发信用债占比已升至42%，在2022年35%的基础上又有较大程度提升，部分评级机构上述占比甚至高达58%。这一变化说明取消强制评级后，债项评级业务量萎缩的速度十分显著。这对于评级机构来说，要想在现有市场环境中获得更大的生存发展空间，需要全面调整发展战略，改革业务发展和经营管理模式，并不断提升评级技术和质量竞争优势，更好地发挥揭示风险、引导债券分层参考等作用。此外，评级机构还需要提升市场服务水平和市场策略有效性等软实力，满足市场信用服务新需求，这样才能有效应对行业转型的发展挑战，实现可持续发展。

（五）近年来我国债券违约事件频发，对评级机构的生存和发展环境带来不小的压力

我国债券市场经过三十几年的发展，市场风险逐步释放，开始走向债券违约的常态化。从2023年信用债市场违约情况来看，我国信用债市场风险暴露形式从实质性违约向展期转变。近年来中国债券市场违约整体呈现出以下特征：第一，在新增违约案例中，虽然仍以民营企业为主，但国有企业违约数量和违约规模也有所上升；第二，受监管特别关注的涉诉违约案件频繁出现；第三，盲目投资扩张使企业陷入流动性危机；第四，公司治理和股权结构有瑕疵，民营企业财务造假风险突出；第五，在行业下行、政策调控背景下，缺乏竞争力的企业经营恶化，盈利能力大幅下降，导致违约现象频发，房地产行业表现尤为突出；第六，恶意逃废债情况增多。

由我国债券市场违约特点可以看出，在评级机构面临更大的连带责任、监管压力和市场选择的环境更恶劣情况下，叠加我国债券市场较为特殊的违约特点，评级机构有可能将面临更多声誉损失风险和连带赔偿责任风险，这对评级机构在加强自我保护、提高内部管理、改进业务模式、提高评级准确性等方面也都提出了更高的要求。

（六）债券市场规模的持续增长将为评级行业的转型和发展提供空间和时间

我国资本市场的双向开放特别是债券市场的对外开放，加之中国金融市场逐步规范化、法治化发展，中国债券市场的吸引力正在不断加大。2023年末，境外机构持有境内债券余额达3.7万亿元。从全球横向比较看，以债券融资为主的直接融资在发达经济体中占全社会融资总量65%～75%。我国的直接融资比重相较发达经济体而言还有较大差距，仍徘徊在30%左右。近年来，我国稳步推进资本市场的双向开放，在放宽国外资本流入的同时，鼓励国内企业"走出去"积极参与国际投融资活动。总体来看，双向开放的资本市场在活跃债券交易的同时，也促进了我国债券市场融资规模的放量，这为评级行业带来更多的发展机遇和更大的市场空间。随着我国金融改革的纵深推进，债券市场融资的重要性将得到进一步凸显。在此背景下，信用评级行业作为债券市场重要的基础设施，未来将迎来有利的发展时间和空间。

（七）国家绿色发展、碳达峰碳中和、乡村振兴等战略和政策的实施，将为评级行业发展带来新机遇

随着我国正式提出绿色发展、碳达峰碳中和、乡村振兴等战略发展目标，金融市场正在出现新的债券产品，信用评级领域将迎来新一轮评级产品创新，不仅包括绿色评级业务、乡村振兴概念项目，还包括各类依托评级技术开发的衍生产品。

绿色金融的发展尚处于起步阶段，市场的机会很大。党的十八大以来，我国绿色金融体系建设取得了明显成效，已形成以绿色贷款、绿色债券为主的多层次多元化绿色金融市场。央行数据显示，截至2023年末，我国绿色贷款余额约30万亿元，同比增长36.5%，存量规模稳居世界第一。2023年我国境内市场发行绿色债券479只，发行规模合计8388.70亿元。截至2023年底，我国已累计发行绿色债券2000余只，累计发行规模约3.46万亿元，存量规模约1.98万亿元，绿色债券余额居全球前列。可以预见，随着碳达峰和碳中和战略的推进，包括碳中和债券、转型类债券、可持续发展挂钩债券等创新品种将继续推动债券市场的进一步发展，加速评级机构创新业务的放量发展。

（八）社会信用体系建设的推进、供应链和产业链的完善等多元化的新需求，为评级行业多元化发展提供了新的空间

随着我国社会信用体系建设的不断推进，国家在社会和经济的现代化治理能力和治理水平方面不断提升，对全社会信用水平也提出了

新的要求。社会各个领域也都对信用服务提出了新的需求。广义信用服务的主体逐步从大型发债企业和上市公司扩大到各类型企业主体、政府机构、开发区园区单位以及其他类型的商业实体和供应链产业链中的诸多主体。这也对非发债信用服务的形式和产品有了更多的需求，为评级机构开拓新的业务领域、多元化经营发展提供了有利时机和更大的空间。

（九）中国倡导的经济全球化发展理念给中国评级机构国际化提供新机遇

中国债券市场已发展成为仅次于美国的全球第二大债券市场。2023年，我国累计发行各类债券70.8万亿元，2023年末国内各类债券托管余额157.9万亿元。作为国际债券市场的重要组成部分，中国加快构建与世界第二大债券市场地位相匹配的信用评级市场具有重要的战略意义。为此，中国政府近年来作出了不少探索。2022年6月，习近平主席在"金砖国家"领导人第十四次会晤上提出，"要拓展金砖国家跨境支付、信用评级合作，提升贸易、投融资便利化水平"，展现了中央层面推动信用评级合作、参与全球治理的决心。2023年3月21日，中俄对外发布《中华人民共和国主席和俄罗斯联邦总统关于2030年前中俄经济合作重点方向发展规划的联合声明》，提出将在八个重点方向开展双边经济合作，并明确指出在金融合作领域，"支持两国评级机构在现有监管法规框架内开展合作"，体现了中央层面对国内评级机构推进国际业务，提升国际竞争力和国际话语权的关切。

二、对中国信用评级行业高质量发展的建议

通过回顾和分析评级行业发展的历史、现状特征、问题和新形势可知,评级行业相关主体应该抓住新机遇、迎接新挑战,在变局中开新局,共同推动行业高质量发展。

(一)评级机构需提升评级技术和评级质量水平,以积极进取的态度迎接变局、开创新局

"打铁还需自身硬,无须扬鞭自奋蹄。"评级机构作为资本市场信用评级产业链条中的核心主体,需先从加强合规管理、完善评级技术、提升评级质量等方面苦练内功,夯实基础。

第一,加强合规管理,完善公司治理和内部控制。首先是加强公司内部控制和监督管理机制,对评级质量、流程、人员合规情况进行重点管理;其次是坚守评级独立性,严格落实利益冲突各项管理措施,强化防火墙机制,有效识别和防范利益冲突。

第二,加快构建具有中国特色的信用评级体系。立足高质量发展,进一步将习近平新时代中国特色社会主义思想融入评级方法,在海外成熟信用评级体系的基础上进行本土化创新,将服务国家安全、经济发展和金融稳定融入评级体系中。站在中国式现代化、可持续发展的角度,引导资本向国家产业链安全、关键技术和基础材料等战略性产业以及绿色可持续发展领域聚焦。在技术、方法、模型等方面进一步提升新型信用评级体系的颗粒度和精细化。在关注债券收益情况

和企业经营情况等基本内容上也要关注企业外部性及其内生化因素，从而优化外部支持的动态评估机制。

第三，提升评级质量。一是构建以违约率为核心的评级质量验证机制，多措并举保证信用评级的整体质量。构建以违约率为核心的验证机制，逐步降低高评级主体的占比，确保整体级别分布有明显的区分度，科学准确地反映发行人主体的信用风险情况。二是加强风险揭示能力，提高跟踪评级结果的有效性和前瞻性。借助大数据、人工智能等技术，构建更加有效的风险预警系统来加强动态风险监测和提高风险预警能力。

（二）评级机构要主动求变、探索创新，形成创新发展和多元化发展的新格局

第一，评级机构有必要深入调研探索市场需求，布局新的业务领域，实现多元化发展。一方面是积极响应国家政策，主动作为，在绿色金融、乡村振兴等新的市场需求上大力布局、精耕细作，在推动国家政策方针落地实施的同时实现行业的良好发展；另一方面是以评级技术为轴心横向开拓，向债券市场以外的其他应用场景延伸，结合新的技术手段积极开拓社会信用体系建设、供应链上下游企业信用评价、ESG 评级、投资标的信用咨询等新的业务领域。

第二，评级行业有必要建立更加市场化的收费机制。中国信用评级行业前 30 年的发展主要是监管驱动，评级机构在享受监管红利的同时也受到收费模式方面的限制。与其他金融中介及其付出的成本相

比，评级机构目前的收费是最低的。近年来，随着人力等各种成本不断上升，评级行业的利润率一直呈下降趋势。因此，有必要建立与评级服务价值相匹配的收费机制，以维持评级机构的可持续经营。

第三，评级机构需深入把握细分市场的需求，走差异化竞争和高质量发展之路。纵观国际评级机构发展史可知，在评级业务的横向拓展趋于饱和之时，国际三大评级机构不约而同地转向了细分市场和非评级领域的开发，一定程度地实行了差异化竞争和特色化发展战略。国内评级机构的同质化竞争问题突出，各机构的特色不鲜明、服务不深入，且尚未开拓细分市场，这也是制约评级行业高质量发展的因素之一。对此，评级机构有必要主动求变、探索创新，深入把握细分领域的市场需求，提供差异化、高质量的产品和服务。评级机构需进一步深入研究并细分债券市场需求，结合自身战略定位，打造差异化竞争优势，以形成多层次、多元化的债券市场信用评级服务体系。

（三）以构建世界一流信用评级机构为目标，聚焦科技创新、评级技术提升，以服务资本市场为核心要义，积极融入全球信用体系建设

1. 聚焦科技创新，实现"弯道超车"

目前，中国加快推进高水平科技发展，提出了推动科技创新公司债高质量发展等多项金融政策。立足信用评级领域，一方面，其要顺应"科技强国"的需求导向和战略导向，建立科技创新企业评级方法模型，优化财务杠杆、投入产出和环境变化等方面的风险监测指标，

帮助专精特新"小巨人"等科技类企业融资。另一方面,信用评级机构自身要抓住产业链重构催生的产业链安全评估市场需求,探索产业链上下游多个主体评级业务;抓住全球投资贸易区域化催生的信用评级区域化机遇,推动与"一带一路"国家、"金砖国家"、上海合作组织国家的信用评级合作,在区域市场占有率上实现"弯道超车"。

当下,数字经济正成为中国经济社会重要引擎,并衍生出了物联网、区块链、人工智能、大数据分析等新领域,评级行业作为金融市场上重要的服务性中介机构,加强数字化转型也是大势所趋。推进信用评级行业数字化转型要做到以下几点。第一,以数字技术和数据双轮驱动。数字技术是数字化转型的"骨骼",数据是数字化转型的"血液",必须注重二者的协同发力,实现由技术"单轮支撑"向技术和数据"双轮驱动"的转变。第二,以数字业务及其模式变革为核心。只有将业务置于转型的核心,将技术、数据和业务深度融合,创新业务模式,才能实现价值创造的目标。第三,建立精准、超前的"算力"是关键。数字化评级是我国信用评级行业"弯道超车"的机会,只有找到被社会认可的"算力",才能真正与标普等国际信用评级机构同台竞争。第四,要加强数字评级生态体系建设。由于各信用评级机构在技术水平、资源状况、风险控制能力等方面存在差异,且信用评级机构的数字化转型理念、水平也不同,需要监管机构制定政策文件,明确方向、统一规则,从而为其提供数字化转型生态建设的基础技术支持。第五,要注意应对转型过程中的风险。数字化转型具有系统性,可能"牵一发而动全身",某一环节存在问题会影响整体转型。因此,信用评级行业在转型过程中需要安全先行,把握转型速率,防范数据风险、网络风险、技术风险、模型风险等。

2. 聚焦构建具有中国特色的评级技术

第一,对标世界一流信用评级机构,充分考虑中国元素。在当前大国战略博弈加剧、贸易保护主义泛滥、国际货币体系重构、经济全球化向经济区域化演变的背景下,中国信用评级机构要坚持中国化的评级特色。对外,要对标世界一流信用评级机构,学习西方先进的技术、理念和方法,但不盲目"西化";对内,要在传统评级因素之外充分考虑具有中国特色的影响因素,将国家战略、产业发展、社会责任和历史文化等外部因素纳入综合考量,从全球生产要素禀赋配置的角度来驱动资本、技术和劳动力等生产要素进行优化配置,以服务信息、材料、能源、生物医药和航天航空等行业的发展。

第二,融入新时代党的理论思想,与时俱进更新评级技术。中国信用评级体系是借鉴美国实操经验的产物,是一种"舶来品"。我国已发展成为全球第二大经济体和第二大债券市场,全球影响力日益提升,中国需要构建与之相匹配的信用评级体系,需要在海外成熟信用评级体系的基础上进行本土化创新,融入新时代党的理论思想。在理论逻辑层面,信用评级体系创新需要坚持党的全面领导和中国特色社会主义道路,在深刻理解中国式现代化的内涵和中国特色社会主义经济运行规律的基础上,将服务国家安全、经济发展和维护金融稳定的理念融入信用评级体系;在历史逻辑层面,信用评级体系创新要站在中国式现代化、可持续发展的角度,引导资本向国家产业链安全、关键核心技术和基础材料等战略性产业领域聚焦;在现实逻辑层面,新型信用评级体系要在提升技术、方法、模型的颗粒度和精细化，以及在关注债券收益情况和企业经营等基本面的基础上，关注企业外部性及其内生化因素，优化外部支持的动态评估机制。

3. 坚持问题导向，掌握信用评级风险揭示的核心要义

第一，信用评级机构要站在资本守护人的角度提高跟踪评级的及时性。回顾债券市场信用评级实际表现可知，信用风险揭示不及时是市场对信用评级机构最大的诟病，信用评级机构需要强化"以服务投资者为本"的发展理念，站在资本守护人的角度提高跟踪评级的及时性。具体而言，信用评级机构要建立多重、立体、动态的风险监测体系，在跟踪项目主体现金流的同时，充分评估国内外宏观经济形势、行业发展方向、经济政策和行业监管措施等的变化可能给项目主体带来的影响，力求及时揭示风险。

第二，信用评级机构要站在债券市场"看门人"的角度提高风险揭示的准确性。信用评级风险揭示的准确性也是信用评级机构的核心职责之一，信用评级机构需要站在债券市场"看门人"的角度采取一系列措施来提高风险揭示预警的准确性。一方面，信用评级机构应当优化以违约率为核心的评级质量检验机制，促进信用评级结果实现跨时间、跨行业、跨区域可比的目标，以有效提升风险揭示的准确性；另一方面，信用评级机构应运用大数据大模型、人工智能、云计算和区块链等前沿金融科技给信用评级对象提供更加准确的评级。

第三，信用评级机构要积极克服信用评级的顺周期思维定式，平缓周期波动。从评级逻辑来看，信用评级机构应该发挥逆周期作用，

即在债券市场繁荣时预测和发现潜在信用风险，向资本市场主体进行风险预警，帮助投资者优化资源配置，保护投资者的权益；同时帮助发债主体预留偿债空间，优化偿债计划。然而，我国债券市场上的信用评级顺周期现象突出，在企业大量发债时，发债主体信用评级普遍虚高，而在违约风险出现时信用级别集中大幅下调，这不仅没有起到信用风险预警作用，反而紧缩市场流动性，极易引发系统性风险。当前，信用评级机构要想克服信用评级的顺周期思维定式，就要关注信贷周期、房地产周期、库存周期和产能周期等，在经济上行期间控制风险积累，避免过度授信和资产泡沫。

4. 积极融入全球信用体系建设，提升国际信用评级话语权

2022年，国际局势动荡的情况下，美国和欧盟都对俄罗斯采取了信用评级制裁，禁止国际信用评级机构为俄罗斯政府和当地企业提供信用评级服务。随后美国三大评级机构分别下调俄罗斯主权评级至"垃圾级"，并大幅下调俄罗斯政府和企业的信用评级，此举制约了俄罗斯在国际金融市场的融资活动。2023年11月，穆迪将美国评级展望从"稳定"下调至"负面"，消息引起轩然大波，拜登政府随后发表声明进行驳斥。2023年12月，穆迪调降中国主权信用评级展望，并接连下调中国多家金融机构及企业评级展望，造成一定市场动荡。上述事件证明了国际信用评级话语权是国家"软实力"之一，提升国际信用评级话语权重要且紧迫。中国信用评级机构可"三步走"来逐渐融入全球信用体系建设：一是积极参与国际信用评级相关的会议、论坛等活动，加强与其他国家的合作与交流，积攒声誉资本，寻求区域性评级合作、互认；二是深耕中国香港离岸债券市场、俄罗斯债券市场，利用跨境融资政策积累国际信用评级经验与资源，再逐步拓展"一带一路"国家、"金砖国家"、东盟国家的业务市场，获得相关国际机构认可；三是参与制定国际信用评级标准，推动中国信用评级机构影响力跨场域、跨地域外溢，进而提升其国际信用评级话语权、影响力。

参考文献

[1] 袁海霞，汪苑晖，闫彦明. 稳步扩容规模创新高需更加注重"质""量"平衡——2023 年中国地方政府债券发展分析及展望 [J]. 债券, 2024(1): 40-44.

[2] 张政燕. 资本市场行政执法当事人承诺实施问题研究 [J]. 证券市场导报, 2023(8): 65-79.

[3] 邱亦霖，梁斯. 通货膨胀表现形式的变化、主要原因及建议 [J]. 西南金融, 2022(11): 3-16.

[4] 徐黎明，朱清艳. 关于信用评级行业健康发展的几点思考 [J]. 财务与会计, 2022(5): 76.

[5] 程晨，肖乐鸣，张继强. 地方政府债信用评级及风险分析 [J]. 中国货币市场, 2021(10): 29-33.

[6] 赵洋. 推动信用评级行业更好服务债市发展 [N]. 金融时报, 2021-08-09(1).

[7] 呼延玉瑾，涂文婕，朱清艳，等. 数字化转型助力评级行业高质量创新发展 [J]. 征信, 2020, 38(11): 40-47.

[8] 吴忆兰. 中国评级业国际化挑战的研究 [D]. 厦门：厦门大学, 2020.

[9] 中国证券协会. 创新与发展：中国证券业 2019 年论文集 [C]. 北

京：中国财政经济出版社, 2020.

[10] 阎维博. 非传统信用评级业务的法律争议与监管回应 [J]. 征信, 2020, 38(1): 45-50.

[11] 板谷敏彦. 世界金融史——泡沫、战争与股票市场 [M]. 王宇新译. 北京：机械工业出版社, 2019.

[12] 孔婷, 刘莉. 欧盟信用评级机构最新监管草案研究及启示 [J]. 征信, 2019(4): 68-71.

[13] 司文. 美欧对国际评级机构监管的演变及动向 [J]. 国际研究参考, 2019(8): 1-8.

[14] 许斌. 国库券的"前世今生" [J]. 金融博览 (财富), 2019(9): 76-79.

[15] 闫衍, 陈静, 谈睿. 日本信用评级业现状、市场格局与成因 [J]. 债券, 2019(2): 55-60.

[16] 李晓安. 现行主权信用评级困境及我国应对的制度路径 [J]. 法学杂志, 2018, 39(6): 32-44.

[17] 鲁晓琳. 印度征信体系的发展现状与未来趋势 [J]. 杭州金融研修学院学报, 2017(10): 57-60.

[18] 彭爽, 李永清. 我国商业银行发展非金融企业短期融资券业务研究 [J]. 经济问题, 2017(7): 64-68.

[19] 黄小琳, 朱松, 陈关亭. 债券违约对涉事信用评级机构的影响——基于中国信用债市场违约事件的分析 [J]. 金融研究, 2017(3): 130-144.

[20] 王雄元, 高开娟. 客户集中度与公司债二级市场信用利差 [J]. 金融

研究, 2017(1): 130-144.

[21] 张润楠. "投资人付费"模式提高了评级机构的评级质量吗 [D]. 厦门：厦门大学, 2017.

[22] 杨勇. 欧盟信用评级监管改革的主要内容及对我国信用评级工作的启示 [J]. 金融会计, 2015(8): 55-59.

[23] 赵学清, 周嘉. 欧美信用评级监管规则的最新发展 [J]. 西南政法大学学报, 2015, 17(3): 12-20.

[24] 刘建华, 许艳杰, 金德淳. 日韩信用评级行业发展及对我国的借鉴 [J]. 征信, 2015, 33(5): 49-54.

[25] 金德淳. 日韩信用评级行业发展及其对我国的借鉴 [D]. 延吉：延边大学, 2014.

[26] 荣艺华, 朱永行. 美国债券市场发展的阶段性特征及主要作用 [J]. 债券, 2013(5): 54-59.

[27] 许志胜, 王金磊. 次贷危机后信用评级体系的反思与启示 [J]. 债券, 2013(7): 34-38.

[28] 吴祖光, 万迪昉, 吴卫华. 国际信用评级监管改革对我国信用评级行业的启示 [J]. 金融监管研究, 2013(4): 58-77.

[29] 陈代娣, 陶丽博. 美国信用评级机构监管法律制度介绍及启示 [J]. 债券, 2012(4): 31-37.

[30] 高晋, 周薇. 构建亚洲区域信用评级体系的探讨 [J]. 征信, 2012, 30(5): 15-19.

[31] 戴莹. 证券信用评级监管法律问题研究 [D]. 上海：华东政法大学, 2012.

[32] 彭秀坤. 国际社会信用评级机构规制及其改革研究 [D]. 苏州：苏州大学, 2012.

[33] 李娜. 论主权信用评级的法律规制 [D]. 石家庄：河北经贸大学, 2012.

[34] 鄂志寰, 周景彤. 美国信用评级市场与监管变迁及其借鉴 [J]. 国际金融研究, 2012(2): 32-40.

[35] 刘迎霜. "发行方付费"模式下的信用评级法律迷局解析 [J]. 法律科学 (西北政法大学学报), 2011, 29(6): 137-144.

[36] 聂飞舟. 信用评级机构法律监管研究 [D]. 上海：华东政法大学, 2011.

[37] 陈游. IOSCO 三大监管支柱及其对我国信用评级监管的借鉴 [J]. 投资研究, 2011(5): 55-59.

[38] 楚建会. 美国信用评级机构利益冲突的规制研究 [J]. 征信, 2011, 29(2): 73-76.

[39] 肖瑞婷.《欧盟信用评级机构监管法规》及对我国的启示 [J]. 西部金融, 2010(10): 30-31.

[40] 陈树元. 韩国信用评级市场的发展 [J]. 浙江经济, 2010(4): 48-49.

[41] 武逸. 美国信用评级监管体系改革对我国的启示 [J]. 征信, 2010, 28(1): 14-17.

[42] 关建中. 现存国际信用评级体系亟待突破 [N]. 第一财经日报, 2009-05-21.

[43] 关建中. 构建新型国际信用评级体系 [N]. 金融日报, 2009-04-21.

[44] 王莹, 荣艺华. 当前国际场外衍生品市场监管的新动向 [J]. 中国货币市场, 2009(9): 19-23.

[45] 何祥勇. 国外信用评级市场监管经验的借鉴与选择 [J]. 华南金融电脑, 2009, 17(4): 86-89.

[46] 陈游. 信用评级机构在次级债危机形成中的角色解析 [J]. 财经科学, 2009(1): 15-20.

[47] 龚宇. 美国信用评级业监管体制变迁——"次贷危机"下的反思 [J]. 证券市场导报, 2008(7): 56-60.

[48] 祁红, 张宏宇, 彭宇松. 对印度征信业管理及运作的研究报告 [J]. 西南金融, 2007(4): 55-56.

[49] 张宝来. 从保护投资者利益视角完善我国证券评级制度 [J]. 企业经济, 2006(7): 90-92.

[50] 李昆光. 美国制度冲击中国管理——萨班斯法案七月大考中国在美上市公司 [J]. 中国总会计师, 2006(6): 18-22.